Desarrollando la resiliencia
en los niños en medio de un divorcio:
Como ayudar a su hijo desarrollar la fuerza interior a través de la adversidad

por la Dra. Lois V. Nightingale

Nightingale Rose Publications
16960 E. Bastanchury Rd., Suite J.
Yorba Linda, Ca. 92886

Desarrollando la resiliencia en los niños en medio de un divorcio:
Como ayudar a su hijo desarrollar la fuerza interior a través de la adversidad
por la Dra. Lois V. Nightingale

Un libro para los padres divorciados que desean crear una vida para sus hijos llena del empoderamiento personal y las estrategias de resiliencia.

Publicado por
Nightingale Rose Publications
16960 E. Bastanchury Rd., Suite J.
Yorba Linda, Ca. 92886.

Número del catálogo de la Biblioteca de Congreso: 1-5909588791
ISBN- ISBN-13: 978-1-889755-15-1

Diseño del libro por Baz Here y Lois Nightingale

Descargo de responsabilidad:
Este libro está diseñado para proveer información en relación con el tema discutido. No está diseñado para tomar el lugar de la orientación profesional. Si es particularmente difícil para un adulto o un niño mantener los cambios que se enfrentan, es importante buscar la ayuda profesional. Si un niño o un adulto se sufren síntomas de depresión, reacciones de ansiedad severos, u otros trastornos psicológicos graves, es importante que reciba la ayuda psicológica profesional. Terapeutas licenciadas en su región se pueden encontrar por el Internet por buscar "psicólogo" o "terapeuta".

Agradecimientos:
Me gustaría darles la gracias a todas las familias que me han compartido sus historias, preocupaciones y éxitos, y también a mis hijos, Harry y Teddi, mi amor Mike, y a Laura por toda su ayuda con la revisión.

Este libro se dedica a los padres solteros que luchan
para crear la seguridad y la dignidad para sus hijos queridos

Tabla de contenido

Introducción

La resiliencia, la capacidad de superar dificultades, ha sido investigada y mostrada como característica que se puede fomentar en los niños. Desarrollar la resiliencia en los niños después de un divorcio puede disminuir sus efectos negativos, y también aumentar la fuerza emocional del niño para futuras decepciones.

El factor más importante para el desarrollo de la resiliencia en los niños es tener por lo menos una relación estable con un padre o cuidador afectuoso[1]. Estas relaciones (aún cuando es una sola) proveen protección. La abierta receptividad del cuidador expresa la importancia del niño, y que sean vistos como personas competentes, incluso durante épocas difíciles.

Este padre o abuelo cariñoso está en una posición única

---

[1] National Scientific Council on the Developing Child (2004). Young Children Develop in an Environment of Relationships: Working Paper No. 1. Recuperado de www.developingchild.harvard.edu.

para modelar y enseñar habilidades adaptivas. Pueden proveer estrategias para el manejo de las emociones difíciles y aportar experiencias positivas. Estos "regalos" pueden crear adultos fuertes, resilientes y seguros de sí mismo.

Algunos niños tienen una ventaja genética y una inclinación a la resiliencia. Pero, hasta los factores hereditarios necesitan ser reforzados por una relación positiva con al menos un cuidador cariñoso. Este libro ofrece una manera de mejorar las fortalezas del niño y apoyar las experiencias que lo lleven a desarrollar mejores estrategias para afrontar momentos difíciles.

Cuanto más dure una circunstancia exigente, más importante será el rol del padre para guiar al niño en el desarrollo de la resiliencia.

Los estudios indican que existen tres factores que ayudan a los niños a desarrollar la resiliencia: 1. Una conexión cariñosa de apoyo con un padre u otro cuidador. 2. Sentir que hay cierto control en sus vidas. 3. Tener oportunidades para desarrollar estrategias que le permitan tranquilizarse y comportamientos adaptivos por medio de la integración de la fe, la esperanza o tradiciones culturales.

Este libro es una guía para que los padres se conviertan en cuidadores centrados, de apoyo y alentadores que, como se ha demostrado en la investigación, facilita la resiliencia en los niños que enfrentan adversidades. También he incluido estrategias de desarrollo de resiliencia para que los padres puedan enseñárselas a sus hijos y así tengan habilidades de afrontamiento a lo largo de sus vidas.

---

[2] National Scientific Council on the Developing Child (2010). Early Experiences Can Alter Gene Expression and Affect Long-Term Development: Working Paper No. 10. Recuperado de www.developingchild.harvard.edu.

Nunca es tarde para desarrollar estrategias de resiliencia. La actividad física, los sentimientos positivos y el autocontrol son buenas estrategias para usted, y también para enseñarle a su hijo.

No es un secreto que nadie ha tenido una niñez perfecta. Por supuesto algunas son mejores que otras, pero nadie pasa por la niñez sin tener dificultades o desilusiones. Desde el principio de los tiempos las familias se han enfrentado a problemas financieros y a la escasez. Se han enfrentado a las presiones de sus parientes y de la sociedad. Las familias han enfrentado limitaciones debido a problemas físicos o de salud mental. Han enfrentado pérdidas injustas e inesperadas, traiciones y adicciones. Algunas familias se definen como víctimas de estos imprevistos, mientras otras se definen como resistentes y fuertes, precisamente por haber vivido estos eventos difíciles y por la forma en que los enfrentaron. Intencionalmente vieron estas grandes decepciones como el fuego que avivó su resiliencia.

LAS PAREJAS NO SIEMPRE HAN VIVIDO BAJO EL MISMO TECHO

Los padres casados tampoco han vivido siempre juntos. A lo largo de los años, el despliegue militar, la migración escalonada, los trabajos que requieren un largo tiempo fuera de casa, hasta las encarcelaciones políticas han impedido a los niños tener acceso constante a ambos padres. A lo largo del tiempo, algunos adultos famosos e influyentes se criaron en monasterios, internados o se mudaban a diferentes residencias reales cada temporada. Estas situaciones de separación no siempre son ideales, pero los niños que las experimentan, a menudo se convierten en personas más independientes y ganan un mayor sentido de propósito que sus compañeros.

Platón fue criado por su madre y su padrastro. El Dalai Lama fue criado en un templo después de ser entregado por sus padres.

Incluso adultos competentes y empoderados no siempre fueron criados por sus padres. Oprah Winfrey, Jack Nicholson, Barack Obama, Al Pacino, Jamie Foxx, Willie Nelson, Carol Burnett, Maya Angelou, y Eric Clapton, fueron todos criados por sus abuelos.

Aristóteles, Eleanor Roosevelt, Babe Ruth, Edgar Allen Poe, J. R. R. Tolkien, Ray Charles, Ella Fitzgerald, Johann Sabastian Bach, John Keats, Jim Thorpe, y L. L. Bean crearon vidas poderosas e impactaron a millones de personas luego de haber quedado huérfanos en su infancia.

Todos quisiéramos la niñez perfecta de Norman Rockwell para nuestros hijos. Es posible que los niños crezcan y sean adultos exitosos, fuertes, y productivos, aún en las peores circunstancias. La resiliencia es un factor importante que hace la diferencia.

La seguridad

La mayoría de los niños de hoy en día (de familias divorciadas y familias intactas), no tienen que enfrentarse a una vida llena de estrés y amenazas de muerte como en el pasado. La tasa de mortalidad infantil es baja, la mayoría de los niños no tienen que abandonar la escuela para ayudar mantener a su familia y no tienen que aprender otros idiomas o costumbres de un país nuevo para sobrevivir. La mayoría de nuestros hijos tienen agua potable, servicios para bañarse y limpiarse, climatización y una variedad de comida y entretenimiento más amplio que cualquier otra generación previa. Pueden tener sus preguntas respondidas en segundos; tienen mejor acceso a la información, la ayuda académica, y opciones laborales que sus antepasados. Recordar que su hijo está más seguro ahora que en cualquier otro periodo de la historia le puede ayudar enfocar en el panorama completo. Recuerde todas las maneras en que su hijo está seguro y privilegiado aún en medio de la lucha por la custodia de un niño.

La seguridad emotiva se describirá detalladamente más adelante, pero el ofrecer este tipo de seguridad a su hijo es algo que puede hacer cada vez que están juntos. Sentirse seguro desarrolla la resiliencia.

MUCHOS NIÑOS ESTÁN PASANDO POR UN MOMENTO MÁS DIFÍCIL

Desafortunadamente, los niños que viven en uno o dos hogares también sufren más ansiedad, depresión, sentimientos de alienación y falta de propósito. (The Price of Privilege: How Parental Pressure and Material Advantage Are Creating a Generation of Disconnected and Unhappy Kids. Paperback – July 29, 2008, por Madeline Levine Ph.D.).

Sin embargo, hay varias cosas que un padre (especialmente un padre soltero) puede hacer para proteger a sus hijos de estas tendencias.

¿QUÉ ES LA RESILIENCIA?

La resiliencia se refiere a la fuerza y la flexibilidad para salir adelante y ser aún más fuerte.

Hace cuarenta y cinco años, los investigadores de las Universidades Stanford y Cornell llevaron a cabo un estudio, con niños de edad pre-escolar. Descubrieron, a través de experimento con malvaviscos que dura quince minutos, pueden predecir el comportamiento de los niños cuando sean adolescentes y adultos.

Aquí es como se llevó a cabo: Un investigador colocó un malvavisco grande en frente del niño y le dijo que podía comerlo cuando quisiera, pero si esperaba quince minutos para comérselo, se le daba otro.

Los niños que aguantaron y demostraron que podían esperar para ganar el segundo premio usaron varias estrategias creativas para hacer frente a su frustración. Algunos cubrieron el malvavisco con un libro; otros se movieron a otra parte de la habitación donde no podían ver la tentación. Algunos niños se dieron a sí mismos palabras de ánimo, y algunos cantaron canciones para distraerse.

Esperar la sorpresa de otro dulce puede parecer tonto y simple, pero los resultados fueron todo lo contrario. Los niños que lograron esperar y ganar el segundo premio tenían mejores notas en la Prueba de Aptitud Académica, menos casos de adicción y obesidad, mejores reacciones al estrés, mejores habilidades sociales y mejores notas en un rango de medidas. Los niños que descubrieron las técnicas de afrontamiento para hacer frente a su frustración y descubrieron la habilidad de esperar para obtener lo que querían les fue mejor en muchos campos de la vida adulta. Estos estudios han sido repetidos muchas veces en muchos países, y los resultados siguen aportando y expandiendo los hallazgos originales. Ayudar a su hijo a desarrollar las técnicas de afrontamiento para hacer frente a su frustración y esperar a tener lo que quieren o desean es uno de los trabajos más importantes que se tiene como padre.

Existen muchos posibles obstáculos durante la niñez: la enfermedad, los accidentes, la discapacidad, la rivalidad entre hermanos, los familiares inapropiados, acoso escolar, los problemas después de mudarse, todo tipo de temor y desilusión. En mi experiencia, los padres que se divorcian comparten un temor de causar daño permanente a sus hijos con el trauma del divorcio. De alguna manera, la agitación del divorcio parece más volitiva o evitable. Durante los 35 años en que he practicado como terapeuta, nunca he visto al camino del divorcio como "la salida fácil." Es un evento complicado y desagradable y toda la familia se ve afectada. Pero, como cualquiera otra tragedia que pueda enfrentar un niño, aprender estrategias de afrontamiento para vivir en una familia divorciada puede ayudarle a desarrollar confianza en sí mismo y resiliencia.

Lecciones únicas

Motivo a los padres manejar los efectos secundarios de un divorcio de la misma manera que abordan cualquier otro evento devastador que interrumpe su imagen de una niñez perfecta.

- Enseñe a su hijo con quien puede contar durante los tiempos difíciles.
- De ejemplo de como confiar en sí mismo cuando el futuro es incierto.
- Demuestre como tomar responsabilidad de sus sentimientos incómodos.
- Muestre las maneras en que usted se cuida a sí mismo al hacer ejercicio, comer saludable, tener buenos hábitos de sueño, pasar tiempo con amistades positivas, tener pasatiempos y expresar gratitud por su vida.
- Lleve a sus hijos con usted cuando realiza voluntariados y ayuda a la comunidad.

- Permítales mirarle a usted haciendo planes y llevándolos a cabo, sin importar lo que hace el otro padre.
- Hable con ellos acerca de como usted desarrolla su conocimiento por leer y asistir a eventos visionarios.
- Hable de sus sentimientos, pero nunca debe culpar a los demás por como usted se sienta.
- Comparta las maneras en que usted es responsable de sus propios sentimientos participando en un deporte, expresando a su creatividad, llevando un diario, buscando terapia o ingresando en un grupo para la recuperación después del divorcio.
- Deje a sus hijos ver la resiliencia en marcha. Recuerde que los niños hacen lo que hacemos, no lo que decimos.

Capítulo uno

Diga la verdad, pero apropiadamente

"Cuando tu mamá llegue a casa, ella se encargará de tu castigo", gritó el papá de Chad mientras el adolescente dio vuelta y alejó.

La tensión ha ido aumentando en su casa. El hogar que había querido, con el patio trasero que habían cultivado juntos. El nuevo mostrador de granito, los mangos de la alacena en forma de hoja de latón que habían comprado juntos después de que los niños se retiraron a la cama. Ahora Chad (en sus jeans desarreglados) no solo no hace la tarea, sino que iba a reprobar la clase de lengua y literatura.

"¡Mentiroso!" Chad dijo, cerrando la puerta de su habitación de un golpe.

"¡No me hables así, jovencito!" Su padre se dirigió hacía la puerta cerrada. Hizo una pausa en frente de la puerta, y luego la abrió. Una púa de guitarra estaba en la única parte del piso que no estaba cubierta por ropa sucia. En el salvapantallas de su laptop, hombres militares matándose.

Papeles escolares saliéndose de una mochila negra en la esquina de la habitación. Su habitación tenía un olor a zapatos viejos y los envases de comida rápida mantecosos. *"Hijo, yo sé que estás enojado. Todos estamos confundidos—"*

"Ella se va a la casa de la abuela", dijo Chad en tono de canto. *"Los escuché peleando ayer. ¡Ella nunca va a regresar!"*

El papá de Chad despejó una silla que solía mirar hacía el escritorio, y se sentó. *"Tienes razón. Todo está muy en el aire. No sabemos quien va a vivir en donde".*

"¡Odio cuando crees que soy idiota!" Chad se desplomó en la cama y giró hacía la pared.

Su teléfono retumbó con una canción de gritos que suena cada vez un amigo le envía un mensaje. Ambos se preguntaron si el mensaje era de la mamá de Chad.

"Nunca he creído que eres idiota", su papá dijo. *"Eres muy consciente y observador. Es que no he encontrado las palabras para hablar contigo".*

"¡Pero esperas que yo te diga la verdad!"

"Prometo que te diré todos los hechos tan pronto como los sepamos".

Chad se dio vuelta y agarró su teléfono. Tocó a la pantalla. *"¿Entonces por qué se separan?"* Chad siguió mirando su teléfono. La luz de la tarde que entraba por la ventana delineaba el pelo fino en su mentón.

"Hemos decidido que no podemos vivir juntos en una casa", dijo el papá de Chad. Tomó toda su fuerza de voluntad se tragó la verdadera razón, la razón adulta, la razón que le había compartido a sus amigos. Se acordó que este no era el matrimonio de Chad. Era el divorcio de los padres de Chad,

las dos personas con las cuales él más identifica y admira. Se acordó que Chad no era su amigo, ni su apoyo emocional. Respiró profundamente. *"Pensamos que sería más civilizado si tu mamá y yo no vivimos juntos"*, dijo su papá, *"pero nosotros dos vamos estar aquí para ti"*.

Sea HONRADO, pero también protector

Los padres son los que sientan el precedente durante los tiempos de crisis. Cuando miente o niega la verdad a su hijo durante un divorcio, puede estar enseñándolo a esconder sus incidentes adolescentes de usted más tarde. Si mentir para verse bien es la regla tácita en su casa, los niños harán lo mismo cuando experimenten cosas de las que les sea difícil hablar. Ser abierto y honesto, revelando solo lo que un niño puede enfrentar, es una tarea difícil.

Decir la verdad a los niños no significa compartir con ellos lo que compartiría con sus amigos o a miembros familiares adultos. Los niños no solo necesitan saber que usted no les mentirá, sino que también pueden confiar en que usted es el adulto y los protegería de las cosas que no son apropiados para su edad. Muchas preocupaciones y temas adultos hacen a los niños sentir estrés inapropiado y los distraen de las cosas en que se deben enfocar, como la tarea y las buenas relaciones con sus compañeros.

Lo que NO debe decir

"No, nunca nos divorciaremos".

"Mamá solo está en un viaje de negocios. Regresará".

"Papá está visitando a su familia por un tiempo".

"No hay nada de que preocuparse", son mentiras que llevan al niño a la desconfianza.

LO QUE DEBE DECIR

"No estoy seguro/a de lo que vamos a hacer, estamos tomándonos un tiempo ahora".

"Es difícil vivir juntos ahora, entonces me mudaré fuera".

"Sé que es confuso. Nosotros también estamos confundidos, pero en donde quiera que estés siempre tendrás a alguien que te quiera y te cuide".

"Me importan tus preguntas, y las contestaré lo mejor que pueda". Estas son respuestas honestas, dichas de manera adecuada para que las escuche un niño.

NO ASUMA QUE SABE LO QUE REALMENTE PREGUNTAN

Los niños pueden o no hacer muchas preguntas. La mayoría de las preguntas que hacen los niños en medio de un divorcio no significan la misma cosa que si un adulto la hubiera preguntado. Por ejemplo, "¿Tiene la nueva casa un patio trasero?" preguntado por un adulto puede ser una consulta acerca de la opulencia del barrio o sector, o una comparación de la otra casa. Un niño preguntando la misma pregunta puede estar preguntando si su perro pueda venir a la nueva residencia. Cuando un adulto pregunte, "¿Quién quería el divorcio?" puede ser que no sabe de que lado ponerse. Un niño preguntando la misma pregunta puede estar demostrando que teme que algún padre lo abandone.

Es buen idea responder a las preguntas de los niños con un poco de curiosidad antes de contestarlas. No asuma que los niños preguntan lo que usted piensa que ellos están preguntando He visto a muchos padres responder con respuestas largas, a la defensiva, y hasta frustrados con las preguntas de los niños, cuando el niño realmente solo pide consuelo y reafirmación de que son queridos y están seguros.

Los detalles de sus problemas con relaciones adultas no se deben compartir con sus hijos. Problemas como sexo y dinero definitivamente no son asuntos de un niño. Las preocupaciones sobre adicciones se deben compartir dependiendo de la edad del niño. Existen muchos programas de 12 pasos como Alateen, Pre-Alateen, y Alatot, donde los niños pueden aprender de la enfermedad de adicción y cómo pueda afectar a su familia.

NO HAGA QUE SU HIJO SEA SU AMIGO

Cuando comparten los detalles de las razones de su divorcio, hacen de ellos sus amigos, y les está robando la niñez. Querer desahogarse sobre la persona que le traicionó la confianza y destrozó sus sueños de hacerse mayor juntos es normal, pero comparta su enfado y devastación con otros adultos, un grupo de apoyo o un terapeuta, nunca con sus hijos. No pueden desarrollar una autoestima saludable cuando se enfocan en qué padre tiene la culpa.

COMO CONTESTAR "¿POR QUÉ?"

Respuestas apropiadas (y verdaderas) a la pregunta "¿Por qué mamá (o papá) se divorcian?" incluyen:

"Hemos decidido que peleamos demasiado cuando estamos juntos".

"No podemos pensar en como llevarnos bien viviendo en una casa".

"No tiene nada que ver con nada lo que hiciste ni nada que hicieron tus hermanos, o que no hicieron".

"Estos son problemas de adultos".

"Vemos las razones específicas de por qué nos divorciamos de distinta manera, pero nosotros dos siempre te querremos y cuidaremos".

"Es muy complicado, pero siempre quiero saber cómo te sientes y tus preocupaciones. Siempre te voy a querer".

Puede ser tentador defenderse de un niño que cita las acusaciones del otro padre, pero haga todo lo posible por abstenerse de la tentación. Explicar como el otro padre no dice la verdad hace que su hijo esté en el medio, y tenga que escoger quien le miente. Defenderse puede parecer "justo", pero cada vez que a un niño se le pone en posición de tener que decidir qué padre está equivocado, pierde autoestima y orgullo de quién es, viniendo de las dos personas que más quiere.

No destroce el autoestima de su hijo

Un niño sabe que tiene a dos padres, y que es parte de estas dos personas especiales. Estas dos personas especiales nunca se sustituyen en la vida del niño. La identidad de los niños viene de estas dos figuras claves de autoridad. Si uno de los padres es "malo" o está "dañado", el niño aprende que la mitad de él o ella también es "mala" o está "dañada".

Dígale a su hijo cosas que son verdaderas, pero *nunca* cosas que menosprecien a la otra mitad de su identidad. Dígale a su hijo declaraciones honestas, pero asegúrese de que sean apropiadas para su edad y lo suficientemente vagas como para que los niños puedan preguntar sobre lo que realmente les preocupa. Recuerde que la terminación de un matrimonio es muy compleja, y los problemas probablemente hayan ido acumulándose durante años antes de llegar hasta el divorcio. Es posible que usted no se de cuenta de todas las causas del divorcio hasta muchos años después, y con mucha reflexión. Enfóquese en tranquilizar a su hijo, no ponerlo de su lado y en contra del otro padre.

Capítulo 2

"¡Lo siento, Mamá! ¡En serio!" dijo Nina. Ella rompió en llanto.

La palabra de vocabulario incompleto en la segunda "t". Su cuaderno de trabajo abierto, debajo de la mesa, en el piso. El videojuego de Jack repicó y pitó en la sala de estar. El olor de pizza de queso en el horno prometió un descanso del tormento de la tarea. Una papa frita de la cena de anoche al lado del libro de tercer grado.

Exasperada, su mamá suspiró y dio dos pasos hacia la sala de estar.

"Mamá", dijo Nina. "¿Mamá?"

Su mamá secó sus ojos y regresó a la mesa.

"Solo te necesitas concentrar", dijo su mamá.

Nina colocó la cabeza en los brazos. Sus palabras amortiguadas salieron con irregular dedicación. "¿Es mi culpa, verdad?"

"¿Cómo?" dijo su mamá.

"Papá salió porque ustedes pelearon por mi TDA". Sus hombros temblaban.

Su mamá recordó pensar que sus padres se habían divorciado por su propio comportamiento durante la adolescencia. "No, no mi amor", dijo su mamá. "El divorcio nunca es la culpa del niño. Nunca".

Nina miró a su mamá con ojos rojos.

Su mamá acarició su pelo largo. "El divorcio y el matrimonio solo es responsabilidad de los padres. Gracias por preguntar. Sé que no fue fácil. Espero que siempre hables conmigo cuando te sientes responsable por las decisiones de los adultos".

Ellos no tienen culpa

Puede ser obvio para los adultos involucrados, pero el divorcio nunca es culpa del niño. Los niños tienen poco control de sus propias vidas. Dependen de sus padres y cuidadores para todo. No tienen mucha elección en sus vidas diarias. Este hecho hace que los niños sean muy sensibles a lo que puede decepcionar o molestar a los adultos que los cuiden. Cuando un padre está molesto, a menudo el niño piensa, "¿Qué hice?" o "¿Qué se me olvidó hacer?"

Debido de que este es un proceso natural en los niños, es importante que los padres recuerden a sus hijos que los adultos siempre son responsables de sus propios sentimientos. No diga cosas como, "Me hiciste enojar" o "Me harías feliz si..."

Si nota que su hijo intenta tomar responsabilidad por sus emociones, ("¿Qué puedo hacer para no hacerte sentir triste?"

"¿Qué puedo hacer para hacerte feliz?", etc.) diga claramente y directamente "Estoy triste, pero lo estoy manejando", o "Gracias por cuidarme, pero mis sentimientos cambiarán y voy estar bien". No diga cosas que indican que su hijo tiene la responsabilidad por las decisiones o comportamientos de usted ("No lo hubiera hecho si solo hubieras... "¿Ves lo que me hiciste hacer?" etc.) Los niños toman lo que se les dice de manera literal. Modele tomar responsabilidad por sus propios sentimientos. Esto es esencial para desarrollar la resiliencia en los niños.

Cuando una familia tiene que enfrentar problemas, los niños a menudo se echan la culpa a ellos mismos. Los niños prefieren sentirse culpables a sentirse indefensos. Diga a los niños que ellos no tienen la culpa del divorcio. Como su padre, usted puede decírselo directamente. Sin embargo, tome otras oportunidades para recordar a los niños que el divorcio siempre es asunto de adultos. Por ejemplo, si su hijo le dice que los padres de un compañero de clase se divorcian, recuérdele que el compañero no tiene culpa del divorcio. Si este mirando un programa de televisión con su hijo y el tema del divorcio se retrata, use la historia para señalarle que el niño nunca tiene culpa del divorcio y los padres son responsables de sus propios sentimientos y deseos.

A medida que los niños crecen, sus teorías sobre si la causa del divorcio pudo haber sido su culpa pueden cambiar. Un niño de 5 años puede creer que sus padres se divorciaron porque él había tratado mal a su hermano. Un niño de 10 años puede creer que sus padres se divorciaron por el estrés que él les había causado por no hacer su tarea. Un adolescente puede creer que él es el causante de que sus padres peleen y hayan decidido que el matrimonio no valía la pena gracias a su comportamiento desafiante. Debido a que esta lista sigue mientras los niños maduran, es buena práctica para los padres recordarles a sus hijos que los niños nunca pueden causar el divorcio. Cada familia tiene problemas. Cada familia tiene que hacer frente a asuntos inesperados. Cada familia tiene su propia manera de resolver problemas. Cada familia hace lo mejor que puede. En las familias afectadas por el divorcio, la decisión de separarse nunca es responsabilidad o culpa del niño.

Si su hijo se inclina a tomar responsabilidad por cosas que están fuera de su propio control, ayúdele encontrar otras maneras de empoderarlo. El voluntariado, la tutoría, el entrenamiento y ayudar a otros puede enseñar a sus hijos que pueden tener impacto en otras áreas de su vida. El sentir que ellos pueden marcar la diferencia desarrolla la autoestima. Los niños no tienen impacto en las decisiones importantes de los adultos. Los adultos son responsables por sus propias decisiones y emociones. Sin embargo, los niños pueden tener impacto en muchos otros campos de su vida como: los deportes, sus notas, pasatiempos, la música, etc. Ayude a su hijo a encontrar las maneras de sentirse importante, y como tienen impacto ventajoso en las vidas de otros. En parte, la resiliencia se trata de sentir que pueden tener un impacto e influir en las cosas que son importes para ellos.

La resiliencia se trata del poder personal

Use palabras que indican que usted toma la responsabilidad por sus propias emociones.

No use palabras o frases que lo muestren como la víctima (por ejemplo: "Ellos me lo hicieron", "Ellos tienen la culpa", "Ellos hicieron que eso pasara", etc.). Cuando los niños creen que un padre es victimizado, quieren protegerlo, en vez de sentirse protegidos *por* el padre. Esto le roba al niño la inocencia y la seguridad de la infancia. Un niño que "quema etapas" enfrenta muchos retos difíciles. Los niños necesitan la seguridad y la simplicidad de la niñez para el desarrollo neurológico y social saludable. Los niños necesitan jugar, pretender y crear, no desarrollar la ansiedad por la anticipación del peligro. Provea a su hijo el regalo de una niñez alegre. Déjelos saber que los adultos siempre tienen la responsabilidad de sus propios sentimientos, decisiones y comportamientos.

Deles a los niños la libertad para vivir en el momento y obtener las habilidades del desarrollo apropiadas para su edad. La ansiedad y la preocupación de sentirse responsables por las emociones de los padres hacen que el niño avance deprisa por sus etapas de desarrollo con resultados negativos. Los niños que se han centrado en hacer que un padre se sienta mejor, o que se sienten culpables por la ruptura de la familia se convierten en adultos codependientes y gravitan hacia parejas que creen que pueden salvar o arreglar. La codependencia es una causa significante de la depresión y la ansiedad en adultos. Déjeles saber que los adultos *siempre* tienen la responsabilidad por sus propios sentimientos, decisiones y comportamientos.

Modelar la buena autoestima

Dese a usted crédito en voz alta para las cosas que hace para sentirse mejor. El duelo es un proceso largo. Ser respetuoso del dolor incluye aceptar su tristeza y usar las técnicas para salir adelante y llegar al otro lado aún más fuerte que antes.

Dígase cumplidos a usted mismo por las acciones que

tome para hacer el mundo mejor. Modele para sus hijos las maneras en que usted toma responsabilidad por sus propias decisiones, emociones, y las maneras en que expresa estos sentimientos a otros. Enseñe a su hijo que usted es responsable de su propia felicidad. Si usted toma el papel de victima, no se sorprenda si su hijo aprenda declaraciones de víctima. Los niños imitan a los adultos, pero en maneras inmaduras.

Viva en gratitud y asombro. Cuéntele las cosas de su vida que quisiera que su hijo repita en su propia vida. Cuando vienen las oleadas de dolor, recuerde que tiene las técnicas para seguir adelante. Cuando aparece la tristeza inesperada, sepa que cuenta con estrategias para afrontarla y no hacer a otros responsables por su tristeza.

Los niños aprenden la resiliencia observándola en los adultos que admiran. La resiliencia no se trata de parecer fuerte o no afectarse. La resiliencia se trata de aceptar los sentimientos vulnerables mientras demostramos como nos hacemos responsables de ellos.

Capítulo 3

"Todo va a estar bien", dijo el papá de Micaela. "No llores. No está tan mal".

Pero Micaela lloró aún más.

"Bueno, bueno", consoló su papá. "Mira. Mira lo que tengo para ti". Él le tendió una tablet nueva. "Ahora me puedes llamar por Facetime en cualquier momento. No estés triste".

José apagó la televisión. "Déjala, Papá", gritó.

"José, cálmate. Esto no te importa". Su papá miró con furia tras sus lentes. "Crees que sabes lo que todos debemos hacer".

José solo intensificó. "¡Nunca escuchas!"

"¡Deja de faltarme al respeto, José! ¡Te voy a castigar si no me respetas!"

Micaela jaló a su manga. "Papi, José solo está enojado".

"No hay razón para estar enojado. No le estaba hablando a él.

¡No me hablas así tú también"! Papá agarró la tablet y la puso en la caja de nuevo. "Si no van a demostrar agradecimiento, no me complicaré la vida por ustedes".

José se puso de pie. "Dijiste que siempre te podemos hablar de nuestros sentimientos. ¡Mentiroso!" Se fue a su habitación y cerró la puerta con un golpe.

"¡Yo no soy mentiroso, jovencito! ¡Estás castigado!" Papá gritó. "¡Por cerrar la puerta con un golpe!"

"Papá", susurró Micaela. "Está bien si te sientes miedo, y está bien si José se siente enojado".

Papá abrió la boca, pero no tenía palabras.

"Y está bien si yo me siento triste", ella dijo.

"Solo quiero que estén felices", Papá dijo.

"Yo sé", dijo Micaela. "Pero a veces la manera más rápida para sentirse feliz de nuevo es tener a alguien que escuche y realmente entienda cuando no estamos felices".

No los anime a "sentirse mejor ahora"

En nuestra cultura, no escuchamos bien. Miramos a la gente hablar por encima de los otros en las películas, los programas de entrevistas, en la televisión; hasta los presentadores no esperan a que su compañero termine de hablar antes de proponer un nuevo tema. Tenemos muy pocos ejemplos de verdadera escucha en nuestra vida adulta.

Para hacer cosas aun más complicadas, la mayoría de los adultos que trabajan con nuestros hijos han designado un significado extraño a la palabra "escuchar". En las clases, reuniones, y prácticas que asiste su hijo, se puede oír los adultos responsables decir "escuchen" cuando lo que realmente significa es "obedezcan" o "cumplan".

Escuchar atentamente es una manera especial de escuchar que aumenta la conexión entre orador y oyente. Escuchar atentamente incluye arrodillarse para estar a nivel de los ojos de su hijo, y parafrasear lo que hubieran acabado de decir. Parafrasear lo que usted escuche no quiere decir está intentando arreglar o cambiar la perspectiva o estado emocional de su hijo. Escuchar atentamente se enfoca en hacerles entender que usted entiende lo que ellos están diciendo y que usted entiende como ellos se sienten en ese momento.

Guíe con curiosidad, y muestre interés auténtico en su hijo. No intente arreglar, educar, o enseñar. La escucha auténtica puede tener gran impacto en ayudar al niño sentirse escuchado y cuidado, y también enséñele al niño que usted cree en su capacidad de manejar las emociones fuertes.

Puede ser difícil oír a su hijo expresar el dolor emotivo o mirarlo lidiar con rabia o tristeza. Pero, si intenta hacerlo sentirse mejor inmediatamente (consolándolo, explicándole, sobornándolo etc.), puede estar enviándole mensajes opuestos, aún cuando tenga buena intención. Mensajes como: "No creo que puedes manejar tus propios sentimientos", "No creo que esto lo puedas solucionar", "Te veo como una víctima que necesita ser salvada", "Yo no puedo verte sufriendo o con emociones tan fuertes", "No me enseñes que te sientes mal", "No tengas sentimientos incómodos cuando estés conmigo", "Expresar emociones fuertes durante los periodos de transición es debilidad", y "Pórtate como si nada te afectara".

Es más probable que su hijo se sienta consolado si usted espera un poco, mientras le presta atención. No interrumpir o proveer respuestas rápidas, puede enseñarle a su hijo que lo ve como fuerte y resiliente. Muestra que usted cree que tienen la capacidad para la autorreflexión y calmarse. Usted tiene la confianza que ellos pueden encontrar las palabras para compartir todo lo que está pasando dentro de ellos mismos. Hacer una pausa por algunos minutos antes de intentar tranquilizarlo es una declaración poderosa.

Mientras escucha, esté completamente presente. Cierre su teléfono o tablet, apágale la televisión, y cierre el libro. Los niños casi nunca quieren compartir sus sentimientos durante los tiempos convenientes. Es posible que el padre tendrá que tomar un descanso de otra actividad cuando surja la oportunidad de escuchar a las preocupaciones de su niño.

No todos los niños necesitan compartir con frecuencia. Algunos niños comparten sus sentimientos al contar cuentos y eventos. Cuando el padre no presta la atención, puede ser que no entienda lo que quiere decir el niño.

Uno de cada cuatro niños es introvertido (algunas familias tienen más o menos). Los introvertidos no tienen las mismas necesidades de procesar todo en voz alta. Un niño introvertido puede sentirse apenado o menospreciado al tener que cumplir con los estándares de los extrovertidos. Si su hijo es introvertido, vaya con él/ella a caminar, pasen tiempo tranquilo juntos en la naturaleza, y no lo interrumpa. Para un introvertido, una interrupción puede ser interpretado como el desinterés en lo que dice. Es común para los introvertidos comunicarse mejor al escribir un mensaje que verbalmente cara a cara. Y esto está bien. De hecho, enseñar a un niño introvertido que la manera en que se conectan es aceptable puede desarrollar la autoestima y proveerlo con una técnica de resiliencia que pueda usar el resto de su vida.

Los Niños Altamente Sensibles (NAS) a menudo toman sus mejores decisiones basándose de sus emociones, y pueden sentir sentimientos profundos durante los cambios familiares. Aunque estas características sean muy diferentes a las suyas, intente no criticarlas. Edúquese a usted mismo para que tenga el vocabulario para ayudar a su NAS expresar estos sentimientos con palabras. El mejor vocabulario de emociones que tenga un Niño Altamente Sensible, mayor número de estrategias tendrá para manejar sus sentimientos.

Está bien tranquilizar a su hijo y ayudarlo enfocarse en lo positivo. No está bien usar el otro padre o casa como contraste. No compare las casas. Enfoque en lo que usted y su hijo pueden hacer en su propia casa para ayudarlo aprender las maneras de manejar sus sentimientos.

"¿Por qué te sientes así?" no es una buena pregunta. Sonaría como "Explícate. Prueba que tienes derecho a sentirte así". Mejores preguntas son: "¿Qué pasó antes de eso?" o "¿Qué ideas tienes que te puedan ayudar a sentir mejor?"

No hagas preguntas que insinúan que su hijo puede cambiar a otras personas. "¿Por qué no les dices como te sientes?" "¿No te vas a defenderte?" "Solo diles que no vas ir".

Ninguno de nosotros podemos cambiar a las otras personas. El divorcio es la prueba. Solo podemos cambiarnos a nosotros mismos. Cuando un padre escuche (o lea mensajes en los casos de niños introvertidos) e indique que entienden, a menudo el niño llegará a las conclusiones apropiadas por si mismo. No tenga prisa por arreglar cómo se siente su hijo. Deje tiempo entre cuando el niño muestra como se siente y el consuelo y la resolución del problema. Muestre que a usted le importa, y que cree que son resilientes e inteligentes.

Capítulo 4

Deje a su hijo saber que la manera en que respondan está bien

"*¡Mamá!*" Gerardo gimió.

"*¡Apúrate! Vamos a llegar tarde*", su mamá dijo. Estaba en modo de mañana; su café estaba frío, y pedazos del alimento del perro estaban por todo el piso.

"*Pero no es justo. Ni siquiera te importa*", Gerardo dijo. Aferraba la almohada a su pecho. Sus zapatos estaban desatados y su pelo sobresalía de un lado.

"*Ok, ok*". Su hijo se veía como que no quería que ella lo tocara. Su sonrisa tendría que ser suficiente. Ella se sentó en el sofá. Tendrán que llegar tardes otra vez. "*Dime*".

"*No es justo. Cuando ustedes estaban juntos, no tenía que lavar mi propia ropa*". Él se encorvó. "*Es que, ahora no te importa. Solo...*"

"*No sabes lo mucho que trabajo. Hago todo para ti. Eres niño desagradecido. ¿Cuánto tiempo se necesita para lavar la ropa?*

¿En serio?" Sus oídos resonaron con cansancio. Odiaba tener que dejar a los platos sucios, y la renta estaba tarde, otra vez. Esa no es la vida que imaginó cuando nació Gerardo. En ese entonces sabia como tranquilizarlo.

"Mamá, ¿por qué no me puedes escuchar?" La voz de Gerardo se quebró. "Solo quería tener…"

"¡Siempre te quejas! ¿Por qué no puedes mostrar agradecimiento?" Su boca estaba seca. Pensar en café frío hizo que su estómago se revolviese. Quizás ella estaba tan desorganizada como había dicho su ex. Rodó las llaves entre sus manos.

"¡Mamá!"

"Si querías volver a ponerte esa camisa, podrías haber lavado la ropa en el tiempo que te llevó alistarte esta mañana".

Los números rojos en el reloj digital cambiaron. Ella tendría que caminar con él para firmar la nota de retraso. La mochila de Gerardo estaba apoyada en el sofá. El llavero se asomó por su palma sudorosa.

"¡Mamá, escúchame por una vez! Tú no…"

"'Jovencito", ella gritó. "Tú solo quieres evitar tomar cualquier tipo de responsabilidad aquí".

Gerardo agarró su mochila, salió hacía el garaje y esperó en el carro. Ella quería decirle que está bien sentir lo que el siente. Las mañanas eran tan difíciles.

Agarró el teléfono de su cartera y le envió un mensaje de texto. "Lo siento. No escucho muy bien ahora. Me importa como te sientes. Te prometo que voy a escuchar sobre como te sientes con las responsabilidades extras y lo mucho que extrañas que yo hacia algunas cosas por ti. Yo sé que todos estos cambios *son difíciles. Hablaremos esta noche en la cena".*

ACEPTE SU RESPUESTA

Cada niño es individuo. No importa lo mucho que usted conozca a su hijo, puede ser que ellos los sorprenda durante los periodos de cambio difíciles. En los niños que son hiper-responsables, motivados, y cuidadores naturales, puede ver que estas características se amplifiquen, pero también pueden retroceder y el niño necesite más cuidado y atención. Los niños que siempre hayan necesitado de más atención, más ayuda con la tarea y con los quehaceres pueden intentar portarse súper perfectos. Lo más probable es que ellos se comporten menos responsables, más distraídos, y necesiten más apoyo y tiempo para completar ciertas tareas (hasta los más simples, como montarse en el carro o salir para la escuela).

Las reacciones de los niños al escuchar sobre el divorcio pueden cambiar con frecuencia, también. Cuanto más pueda estar completamente presente y relacionarse con su hijo, más conectados se sentirán. Algunos niños querrán hablar mucho sobre como se sienten, hacer preguntas sobre lo que va a pasar, y revelar lo que quieren y esperan para el futuro. Otros niños no van a querer hablar de los cambios familiares. Pueden evitar discutir el tema o cambiar la conversación a algo más rutinario y seguro. Ambas reacciones son normales.

Es importante decir cosas positivas acerca de como usted y otros responden a los cambios que enfrenten. Si usted expresa juicio acerca de la aceptación o enfado familiares, puede ser que esté enseñándole a su hijo como portarse. Cuando usted dice cosas elogiosas acerca de como usted mismo maneja el divorcio, se está dando permiso a su hijo expresar un rango amplio de sentimientos.

Cuando usted no quiera hablar, deje al niño saber y dele una hora en que estará disponible para hablarle. Deje al niño saber cuando usted sufre de emociones fuertes que requieren que asista un grupo para la recuperación después del divorcio o terapia individualizada. Felicítese en voz alta cuando pase tiempo con amigos que lo apoyan, o cuando saca tiempo de esparcimiento extra. Indique que ellos no son responsables de los sentimientos de usted.

Cuando veo a niños en terapia en mi oficina, los dejo dirigir la conversación a temas que ellos quieran hablar. A veces es un problema con un compañero de clase, con un entrenador, o con la tarea. Los niños a menudo hablan de sus sentimientos en maneras no directas. Puede no entender las cosas más importantes que le cuenta su hijo si usted solo está pendiente de que si es cierto o no lo que el niño dice, o para juzgar lo que usted cree es lo más importante.

Pase tiempo con su hijo haciendo cosas como hacer excursiones, montando bicicleta o cocinando juntos y propicie momentos de silencio para que ellos decidan de que hablar. Deje al niño marcar el ritmo. Déjelo hablar lo mucho o tan poco como quieran. Déjelo acabar cuando indiquen que quieren cambiar de tema o parar de hablar. Entre menos presione a su hijo, más cómodo se sentirá para discutir temas difíciles en el futuro.

Ellos no necesitan que todo se resuelva inmediatamente. El significado del divorcio y los sentimientos del niño en relación a ello cambiarán con el tiempo. Mientras pasa el tiempo, los niños se dan cuenta de las consecuencias y cambios potenciales. Tenga paciencia; el niño tiene que procesar mucha información con perspectiva inmadura.

No los presione. Deje que sus preocupaciones surjan cuando se sientan cómodos. La resiliencia se desarrolla con el tiempo y con paciencia.

El temperamento tiene un rol importante en la manera de que las personas procesan los cambios y las pérdidas. Un niño extrovertido puede querer hablar mucho sobre los varios aspectos del divorcio, incluso de manera redundante. Un niño introvertido puede solo preguntar algunas preguntas y estar satisfecho con la cantidad de información. Use mensajes de texto y otras maneras cortas de escribir con un niño que prefiera comunicarse así. Intente tener la mente abierta con la comunicación digital, aún cuando usted esté menos cómodo. Usted tendrá más oportunidades para entender lo que en realidad le preocupa a su hijo, y más oportunidades para demostrarle que lo está escuchando.

Provea materiales de arte como revistas para hacer collages, libros modificados, o esculturas para procesar las emociones. (Los libros modificados de tapa dura son una manera creativa para su hijo llevar un diario y expresar sus sentimientos. Compre un libro de tapa dura usado y pegue cada diez páginas juntas. Luego, ayude a su hijo a pintar, dibujar, hacer collage, o cortar sombras que expresan como se sienten ese día o semana. Pinterest y Youtube tienen muchas ideas para crear libros modificados juntos.)

Sea curioso pero no insistente. De vez en cuando los niños no tienen las palabras para expresar lo que les pasa. Deje su arte decir lo que no pueden articular.

No regañe o fastidie a su hijo si no discute los temas que usted cree que deba compartir. No lo pregunte sobre las rutinas y la disciplina en la otra casa. Cualquier cosa que se la puede interpretar como interrogatorio hará que su hijo no quiera compartir con usted, y al niño verlo a usted como presionándolo para sacar información para usar en contra del otro padre. La mayoría de los niños no quieren compartir información cuando los presionan a "chivarse" al otro padre.

Maneje su propio estrés. Haga tiempo extra en el horario entre actividades para que no tengan que darse prisa para llegar a citas programadas y a la escuela. Al final de los días cuando su hijo esté con usted, coma la comida juntos sin la televisión, el computador, o los celulares. Siéntense alrededor de la mesa y túrnense diciendo las cosas buenas que ocurrían ese día y de que estén orgullosos cada uno de ustedes. Si su hijo está dudoso, dele la oportunidad, y también déjele saber que puede cambiar de opinión si quieren.

No compare lo mucho o poco que su hijo hable de sus sentimientos o reacciones al divorcio con lo que usted imagina de como debiera hablar o como el hijo de su amigo lo habla. Su hijo es único. Su respuesta es propia. No les ponga expectativas. No envíe mensajes que usted está decepcionado en la manera en que ellos demuestran sus sentimientos. Déjelos ser niños, y no los presione a ser más maduros de lo que son.

Lleve a su hijo a ser evaluado por un experto si a usted le preocupa que su hijo esté demasiado emocional y distraído en la escuela y las relaciones sociales, o esté muy insociable o pueda estar deprimido. No saque conclusiones apresuradas. No asuma que ningún intercambio en particular es el último que tendrá sobre un tema en particular. Usted tendrá muchas oportunidades para revisar las preocupaciones inconclusas que tenga su hijo.

Recuerde que establecer las pautas que usted está disponible y que le importa es más importante que tener las respuestas perfectas y resolver cada sentimiento incómodo. Este es muy importante para el cuidador que ayude a desarrollar la resiliencia.

Capítulo 5

Guillermo abrió el folleto de Colegio Lincoln. El nombre de su hija Micaela estaba listada bajo la lista de flautistas de séptimo grado. Las presentaciones escolares nunca empiezan a tiempo, pensó y respiró profundamente. Juan balanceó sus pies, golpeándolos contra las patas metales de su silla. Guillermo colocó una mano en la rodilla de Juan.

"Déjalo", dijo Margarita.

Ahora que se había mudado, Guillermo no sentía ganas de sentarse juntos. Sentía como si ella estuviera fingiendo para los otros padres. Darle demasiada importancia a lo que piensen los demás era parte de lo que había escapado.

Juan se apoyó contra Guillermo. Había puesto su manito en la de su papá. Los niños en el escenario afinaban sus instrumentos. El auditorio se calentaba. Gotas de sudor resbalaban el frente de Guillermo. Miró hacía abajo. Su hijo también había agarrado la mano de Margarita, en la cual faltaba el anillo de matrimonio.

El director de la orquesta levantó su batuta. Guillermo quería salir. Resistió por enfocarse en su hija y su obra.

Después del show, Guillermo se arrodilló bajo la luz amarilla del estacionamiento, y miró en los ojos de Juan. "Hijo, me recuerdo que yo quería que mis padres se reconciliaran de nuevo cuando yo era niño". Contuvo sus lágrimas. "Es normal para los niños querer que sus padres vivan en la misma casa. Pareciera que todo sería mas fácil de ser así. Sé que es difícil, pero está bien querer cosas que no pasarán. Todos nos sentimos así de vez en cuando".

Juan agarró las llaves. "Voy a abrir el carro", dijo.

Guillermo se puso de pie. Sus cuerpos hicieron sombras largas y cortas por la luz. Acarició la cabeza de Juan. "Siempre estoy aquí por si quieres hablar. Te quiero, hijo".

Una de las cosas más difíciles para un padre es escuchar a su hijo rogando que sus padres se reconcilien. Algunos niños lo hacen sutilmente: hacer dibujos de la familia junta, o por hacer que los dos padres tengan que quedarse merodeando durante los periodos de intercambio, o sentarse juntos durante los eventos deportivos. Otros niños son más activos en perseguir sus deseos. Intentan agarrar las manos de ambos padres al mismo tiempo, o dar las razones de por qué la familia debería mantearse unida.

Es normal

Lo primero que hay que recordar es que es normal para los niños querer a sus padres juntos de nuevo. Es conveniente tener a los dos adultos que más quieren juntos en una casa. No quieren ver a sus padres sentirse tristes, enojados, o solos. Los niños dependen de los adultos en su vida. Quieren sentirse seguros, y tener a ambos padres disponibles significa sentirse seguros.

Los niños miran con ojos de inocencia, y solo pueden ver los eventos como los pueden relacionar a ellos mismos. Y esto está bien. Los niños son inmaduros. Esa es la definición de la niñez. El deseo de su hijo que usted y el otro padre se reconcilien es un deseo que viene de la perspectiva del niño.

Sea amable en responder a estos deseos. Explícale que lo que quiere es normal. Todos los niños con padres divorciados desean que sus padres se reconcilien. No les dé explicaciones del divorcio que dejen mal al otro padre. No explique en maneras que avergüencen los deseos del niño o indique que usted espere que ellos pongan la comodidad de usted antes de las suyas.

Déjelos saber que pueden compartir sus sueños con usted

Sea tolerante y amable. Deje a su hijo saber que cuando tengas sueños o deseos puedan discutirlos con usted. Eso no quiere decir que usted se vaya a *acomodar* a sus deseos. Lo que significa es que le ayudará desarrollar su autoestima, y brindarle palabras de apoyo. Les demuestra que usted entiende como se sienten, y que los puede ayudar a identificar como se sienten y que quieren. Estos son elementos esenciales de la resiliencia.

Cuando su hijo se siente emocionalmente seguro a compartir sus sueños con usted, los enseña que usted lo acepta, y que ellos no son responsables por el dolor o shock de usted. Así usted aumenta la probabilidad de que el niño comparta temas difíciles en el futuro. Si regaña a su hijo por querer algo que le haya causado tanto dolor a usted, ellos aprenderán a no compartir sus deseos y esperanzas. La comunicación abierta es la mejor seguridad que pueda crear para su hijo.

El aceptar que la mayoría de los niños quieren que sus padres se reconcilien, no significa que esto pasará. Puede decir compasivamente, "Es muy normal querer, pero los padres no se reconcilian después del divorcio. Cuando estés triste o quieras que algo pase, siempre estoy aquí para hablar".

Propiciar un ambiente seguro para que su hijo pueda hablar de las cosas improbables es una parte importante para desarrollar la resiliencia. Tener confianza de que ellos pueden luchar por metas grandes, creer en ellos mismos, y poder manejar las desilusiones con autoestima son todas partes de la resiliencia. Estos niños aprenden que está bien tener sueños y aspirar a lo más alto. El niño aprende ser mediocre y no se enfrenta lo retos cuando solo se contemplan y discuten los deseos razonables.

TOME LA RESPONSABILIDAD POR SUS PROPIAS EMOCIONES

No se ponga defensivo e intente hacer su hijo solo quiera las cosas que usted le puede dar. Déjelos ver como usted es fuerte y capaz de aceptar a las cosas que no puede cambiar (hasta sus deseos). Mantenga lo que dice cuando promete algo. No tiene que rendirse cada vez que alguien no esté feliz con su decisión, y no tiene que dar explicaciones, intentando que todos le entiendan todo el tiempo. Enséñelo al niño que es emocionalmente seguro estar infeliz y mostrar sus sentimientos reales.

Maneje sus propios sentimientos de incomodidad cuando su hijo le pida algo que no sea posible de lograr. Aprenda manejar cuando se sienta indefenso. No se puede evitar muchos de los retos dolorosos de la niñez. Lo que importa es lo que dice el padre sobre el estado interior del niño, no arreglarle los problemas. El hablarles con cuidado y el estar pendiente de sus sentimientos puede ayudarlos a desarrollar su autoestima y resiliencia.

Capítulo 6

La desgracia de la rivalidad entre hermanos

"¡Él me golpeó!"

"¡Ella está en mi zona!"

"¡Él se está cogiendo todo el cuarto!"

"¡Sus cosas están por todas partes!"

"¡Tú la dejas que haga lo que quiera!"

"¡Él nunca se mete en líos!"

"¡Hazla parar!"

"¡Basta los dos!"

"¡Pero…!"

"¡En serio!"

"¡Yo no hice nada!"

"¡Basta, ya!"

Cuando la energía, la creatividad, y la paciencia están bajas, la rivalidad entre hermanos puede aumentar. Una razón es el comportamiento de los niños muchas veces es moldeado por los padres. Cuando los padres se demuestran miedo, ansiedad, competencia y autoprotección y están muy atentos a la insolencia, los niños procesan esto como guías para su propio comportamiento.

Cuanto más civilizada sea su relación con su ex, un mejor ejemplo le están brindando a sus hijos para los periodos de la vida cuando se sienten frustrados con las acciones de otras personas.

El motivo subyacente para la rivalidad entre hermanos es la competencia de los recursos parentales. Cuando las finanzas, el tiempo libre, y la ayuda individual son escaseados, la rivalidad entre hermanos suele aumentar.

Un hermano o hermana es buen objetivo para un niño intentar controlar cuando otros aspectos de la vida son caóticos. Los niños pueden arrebatar su ansiedad y inquietud con su rival más cercano. Puede ser difícil para usted no tomarlo personalmente cuando necesite la cooperación del niño más que nunca, pero no tiene que ver con usted. Es un proceso del desarrollo, lo cual puede ser ampliado en los periodos del estrés porque los niños a menudo retroceden cuando necesitan más apoyo emocional o consuelo psicológico. Esta regresión puede agotar al padre cuando el niño se porta como si fuera menor. La regresión es como la naturaleza ayuda al niño recibir la crianza extra que necesiten durante los periodos del estrés.

Sea amable consigo mismo. Es difícil hacer todo lo que necesite que se haga, y algunas cosas tendrá que dejar en suspenso. Cuanto más paciencia muestre, se verá menos rivalidad entre hermanos. Darse prisa y expresar la urgencia o el enfado se interpretará por los niños como "no es suficiente". Disminuya la velocidad. Dese a usted más tiempo. Los niños quieren sentir que son importantes para usted. Use el tiempo de transición para intimar con cada uno de sus hijos. Juegue juegos de adivinanza en el carro. Túrnese en ordenar los juguetes. Cante canciones durante la rutina de baño y hora de dormir. Aunque puede aparecer que la próxima actividad es más importante que el tiempo de transición, la urgencia para llegar a otro lugar es interpretada por los niños como falta de atención y falta de empatía. Los niños se sienten amados y seguros cuando los padres están de buen humor y alegres. Enseñe a los niños como compartimentar y estar completamente presente en la actividad actual. Esta estrategia los ayudará para toda su vida, y para desarrollar la resiliencia.

Cuando se peleen los niños, hable primero con la víctima y no el agresor. Puede ser difícil por que no es nuestro primer instinto como padres protectores. Pero, cuando usted presta atención primero al agresor cuando ataque su hermano, le está reforzando el comportamiento. (Si ignora a la víctima agarrando al agresor o caminando con él por el pasillo o pasa tiempo diciéndole, la víctima es ignorada sin usted darse cuenta).

Ser buen oyente es más importante que explicar o castigar hostilmente. Intente que el niño inquieto se desahogue con usted. Pregúntele como se siente. Pregúntele que paso justo antes del arrebato. Pregúntelo lo que quería. No intente calmarlo. No intente explicarle por qué no debe de estar molesto. No intente darle otra perspectiva. Escuche, y refleje lo que oye. Preste atención y muestre compasión. Le sorprenderá al ver que desahoga sus frustraciones menos con sus hermanos.

Pasar tiempo a solas con cada hijo ayudará mucho porque la rivalidad entre hermanos no tiene que ver con caerse bien, pero por la competencia de la atención de los padres. Programe tiempo individual cada semana con cada niño. Esto puede tomar algo de planificación cuando solo hay un padre en el hogar, pero incluso una media hora a solas con usted será un momento muy esperado por el niño. Esperar su tiempo especial con usted puede ayudar a crear más paciencia entre los hermanos.

Bajo las mejores de circunstancias, la rivalidad entre hermanos a menudo es uno de los aspectos más complicados de la vida familiar. Cuando una familia está pasando por una transición, este cambio puede parecer aplastante a un padre. Mientras aborda la rivalidad entre hermanos, hable en la manera que usted quisiera que hablen entre ellos. Cuando usted alza la voz y amenaza, ellos intentarán hacer lo mismo. No regañe, sermonee, amenace, o sea redundante. De ejemplo mostrando compasión y siendo reflexivo.

Aunque la regresión y la rivalidad entre hermanos sea agotadora cuando tiene muy poco tiempo extra para proveer, intente recordar que tras sus respuestas está enseñando a su hijo lecciones que duran para siempre. Escuchar atentamente, la paciencia, bondad, calma, el tiempo individual, y el compromiso son todas técnicas que necesitarán para la resiliencia.

Capítulo 7

"¡Mami!" Erin gritó. "Tengo miedo".

Era lo mismo todas las noches que su hija pasaba en su casa. La rutina de hora de acostarse iba bien: cenar, bañarse, cepillarse los dientes, orar, tomarse más agua. Luego empezaba el miedo.

Anastasia no tenía idea de que hacer. Le había explicado que no habían fantasmas, el cucuy o los monstruos. Había comprado la luz nocturna de princesa que Erin había querido, la cual costó tres veces más que la de plástico. Había prohibido los shows violentos en la televisión. Había gritado, regañado, hasta amenazado con quitar sus juguetes favoritos. Nada funcionaba. La música relajante en el teléfono rosado de Erin hacia que a ella le diera sueño.

Había sido otro día largo. Anastasia estaba agotada. Se tragó un suspiro y las lágrimas quemaban sus ojos.

"Vete a dormir", ella ladró.

"Pero Mami, hay algo aquí...¡EN SERIO!" Erin gimió. "¡Por favor!"

Apuesto que no se porta así en la casa de su papá, Anastasia pensó. Había leído un artículo en línea sobre las etapas del desarrollo en los niños de ocho años. Sabía que la imaginación activa es normal, y que los miedos nocturnos probablemente no tenían que ver con el divorcio o algún trauma real, pero son más probables debidos a la inteligencia y creatividad de su hija. Esta información la tranquilizaba, pero aún seguía agotada.

"Hija, cuando yo tenía tu edad yo también tenía miedo en las noches", ella dijo. "Siempre voy a estar aquí para ti. Tendremos que inventar algunas ideas para ayudarte sentir más segura".

Había una pinza de Hello Kitty en el piso. La camiseta morada de Erin y sus calcetines estaban amontonado en montón. El teléfono seguía tocando la música. Erin se aferró a su colcha.

"Siempre te protegeré", Anastasia dijo. "Y siempre me puedes decir cuando tengas miedo".

"Mami", Erin dijo. "¿Puedes hacer que los monstruos se vayan?"

Anastasia ingresó al pasillo y regresó con una botella de espray clara. Había hecho etiqueta con una cara de un monstruo con una X encima, y llenó la botella con agua.

"¿Qué te parece espray anti-monstruo?" Anastasia dijo. Ella le dio la botella a su hija de ojos muy abiertos quien empezó rociar cada esquina de la habitación.

"¡Vete!" ella gritó. "¡Monstruo malo!"

Las dos sonrieron, y Anastasia le dio un besito a Erin.

Desarrollar la resiliencia por hacer frente a los miedos

Como mencionada anteriormente, los niños dependen de los adultos en su vida para todas sus necesidades. Cuando ocurren cambios mayores en la vida de un niño, es comprensible que tengan miedo. No pueden tener voz y voto acerca de donde cada padre vivirá, en que escuela asistirán, ni como el dinero se gastará.

Los niños naturalmente tienen miedos debido a los procesos del desarrollo de edades diferentes. Los niños pequeños entienden sobre permanencia del objeto, y pueden tener miedo cuando no se puede ver a una persona u objeto. No entienden que la persona u objeto puede reaparecer. A los siete años, un niño entiende que la muerte es permanente, y reprocesa pérdidas anteriores con esta información nueva. Alrededor de la pubertad, los niños entienden que existe la tensión sexual, y empiezan experimentar con las relaciones amorosas. En cada edad, los niños son conscientes de las nuevas facetas de la vida.

Es posible que su hijo parezca calmado y tolerante de su separación o divorcio cuando pasó, pero desarrollen el miedo más tarde. Esto no es necesariamente debido a ningún cambio de la circunstancia, pero una etapa del desarrollo que el niño haya entrado. Mientras los niños maduran neurológicamente, tienen mayor capacidad de entender los peligros y placeres del mundo a su alrededor. Animo a los padres leer acerca de las etapas del desarrollo de cada de sus hijos en cada cumpleaños. Louise Bates Ames tiene una serie de libros que empiezan con "Su hijo de un año" [*Your*

One-Year-Old] y progresan hasta la adolescencia. Muchas ansiedades parentales se pueden aliviar por mantenerse informado con la investigación y las descripciones de las maneras diferentes en que los niños se portan y reaccionan durante las etapas diferentes.

Los padres solteros pueden confundir los nuevos miedos, las mentiras, las respuestas con insolencia, el soñar despierto, los problemas con compañeros y otros comportamientos como indicaciones que haya estrés en la casa del otro padre. En realidad, estos comportamientos molestos, son normales y no tienen nada que ver con cualquiera residencia, sino con la edad del niño.

Es importante tomar las emociones de su hijo en serio. Denigrar o minimizar los sentimientos de un niño crea distancia. Descartar sus miedos como "ridículos" o "irracionales" solo hará que su hijo se retraiga emocionalmente de usted y reduzca la probabilidad de que ellos comparten las situaciones y emociones difíciles con usted.

La mayoría de los niños desarrollan los miedos nocturnos en algún momento durante la niñez. Algunos quieren dormir con la luz prendida, otros quieren el consuelo, mientras otros quieren dormir con un hermano o padre. Estos miedos nocturnos no necesariamente tienen que ver con los monstruos, las personas malas, ni los villanos ficticios. Recuerde que mientras las cosas que teme son de fantasía, los sentimientos de su hijo son reales. Tienen miedo, y se sienten sin ayuda y vulnerable. Hable con ellos en maneras respetuosas, siendo amable acerca de sus miedos.

Mientras más calmado esté usted, más le demuestra a su hijo que está seguro, y que usted no tiene miedo del peligro por el que ellos lloren. Si usted intensifica la situación gritándole, su hijo se pondrá más ansioso. Los niños no quieren que sus padres se enojen. Intente quedarse calmado y resolver los problemas con su hijo. A veces es suficiente asegurarlo que usted está cerca. Otros niños quieren tener manera tangible para sentirse seguros. Hacer alarma con las bandejas de aluminio y la cuerda pueda ser manera de demostrarle al niño que usted entiende que tiene miedo.

A menudo los niños no tienen las palabras para comunicar lo que realmente les preocupa. Puede ser que un compañero de escuela se burló de él, o tienen miedo de que un maestro lo llame para contestar a una pregunta que no pueda contestar. Pueda ser que tengan miedo de que tenga que mudarse de nuevo, o que sea la causa real del divorcio.

Hay muchas cosas incómodas que usted no puede cambiar en el mundo de su hijo, pero puede hacerle saber que puede contarle sus miedos a usted. La escucha reflectiva y estar completamente presente cuando su hijo le habla le enseña al niño que está bien y que es amado aún cuando tiene miedo. Ayúdele a desarrollar la resiliencia al mostrar compasión cuando su hijo tenga miedo, especialmente con los temas de los cuales no tienen el control.

Capítulo 8

Los niños dejaron sus platos en el mesón otra vez.

Carolina vació el lavaplatos. Los niños tenían que ver lo mucho que ella tenía que hacer ahora. Tenían que darse cuenta. Todo estaba atrasado: los platos, la ropa sucia, las cuentas, hasta el cambio de aceite.

"¡Apúrense! Vamos a llegar tarde", ella llamó.

Mochilas y zapatos desatados ondearon al carro. Carolina no estaba segura cuanto tiempo podía manejar hasta que encendiera la luz de servicio. Eso fue lo que menos le preocupaba.

"No me firmaste el…" dijo Mateo, desde el asiento trasero.

"No hemos hablado de eso", dijo Carolina.

"No puedo regresar a la escuela hasta que lo hagas", Mateo desplomó contra su asiento.

"Bueno. Entonces, lo discutiremos esta noche. No puedes seguir molestando a tus compañeros".

"¡Siempre piensas que la culpa es mía!" dijo Mateo.

"¡Mateo es bravucón! "¡Mateo es bravucón!" Catalina cantó.

"Hijos, ya", Carolina dijo y subió el volumen del radio.

Un conductor que estaba texteando hizo que ellos perdieran el cruce.

"¡Ay!" Catalina gritó.

Carolina sintió la electricidad por todo su cuerpo. "¡Hijos, ya!" ella gritó.

Siempre estaba en alerta máxima estos días. El peligro estaba por todas partes, y ella no los podía proteger.

Esa noche, ella sacó la cena de las bolsas y la puso en platos reales con servilletas. Finja que no es comida rápida, pensó.

Apagó la televisión y recibió gritos de protesta.

"Necesitamos hablar", ella dijo.

"Después del show".

"Esta es la mejor parte".

"¿Qué tal durante el anuncio?"

"Háblalo con Mateo. ¡Yo no estoy en problemas!"

Carolina golpeó al lado de una taza con un cuchillo para mantequilla.

"Ding dong, la bruja ha muerto", Mateo hizo expresión de ahorcamiento.

Catalina sacó la lengua.

"¡Hijos!" Carolina dijo.

"¡Mamá!" Mateo quejó. "Ya sabemos, siempre te podemos contar como nos sentimos", él imitó en una voz cantarina.

Carolina sintió a su cara ponerse roja. "No", ella dijo. "Quiero saber de los niños en ese show".

"¿El show que tuvimos que apagar en la mejor parte?" Catalina gimoteó.

"Sí", Carolina dijo. "¿Qué piensas de los padres?"

Mateo masticaba un manojo de papas fritas.

Catalina se enganchó en la oportunidad para opacar a su hermano. "Él es como el papá de Victoria".

"¿Oh, sí?" Carolina preguntó. "¿Cómo?"

Mateo tomó un sorbo su refresco. Su pelo negro sobresalió en un lado. El envoltorio de papel de su sorbete no había llegado al contenedor de basura.

"Él vive con una familia diferente". Catalina dijo.

"Una nueva", Mateo interrumpió.

El teléfono de Carolina sonó desde la cocina. Lo ignoró.

"¿Cómo se sienten los niños de eso?" Carolina preguntó.

"Ma", Mateo volteó los ojos. "¿En serio?"

"Sí", Carolina sonrió. "Quiero saber".

"Entonces nos debiste habernos dejado mirar la mejor parte", él respondió.

"¿Qué piensas que iba a pasar?" Carolina preguntó.

"A.J. iba a tener que rescatar a su papá del cenote en patio trasero".

"¿Crees que él rescataría a su papá?"

"Sandra tuvo que rescatar a su papá una vez", Catalina dijo.

Carolina se veía sorprendida. "¿En serio?" "¿De qué?"

"El papá de Sandra la llama 'salvavidas' cuando ella lo ayuda traer la comida".

Uno de los errores más grande que veo a los padres hacer es cuando hablan con sus hijos del divorcio sin recordar que a menudo los niños tienen miedo de decir algo mal o molestar a sus padres.

Hacer preguntas directas como "¿Cómo te sientes acerca del divorcio?" "¿Tienes algunas preguntas?" "¿Cuáles son tus preocupaciones?" "¿Qué piensas del divorcio?" pueden sonsacar respuestas en algunos niños, pero la mayoría de los niños se retiran y se sienten apresurado conseguir la respuesta "apropiada", la respuesta que complace al padre.

Es más fácil empezar una conversación sobre los sentimientos y miedos de sus hijos al preguntarles sobre los amigos con padres divorciados. Al preguntarles a los niños sobre [otras familias y otros amigos les hace sentir que no están dando una respuesta equivocada o que no están siendo demasiado vulnerable.

Es más probable que un niño hable sobre los temores sobre si la policía tendrá que venir, que uno de los padres se mudará lejos o que la nueva pareja de un padre se mudará de inmediato, si abordan estos miedos contando historias sobre un amigo o programa de televisión.

Cuando trabajo con niños pequeños en mi oficina, los hago crear un dibujo de su familia haciendo algo en un arenero. Tengo varias cajas llenas de juguetes chiquitos (personas, animales, árboles, canicas, carritos, rocas, muebles, etc.). Los niños usan las figuras en la arena para recrear imágenes. Los niños son más propensos compartir sus sentimientos mientras juegan y están más dispuesto mostrar sus pensamientos y sentimientos interiores con juguetes. Así tienen una manera de enseñar sus miedos o eventos para los que no tengan palabras para expresar.

Darles materiales para dibujar, disfraces para hacer "shows", cuéntenles cuentos de fantasías en los cuales ambos agregan una línea a la trama, o dibujar con tiza en el patio son todas actividades que brindan mas información acerca de los sentimientos de sus hijos que las preguntas directas.

Es probable que su hijo haya recibido la mayoría de sus ideas acerca del divorcio de sus amigos y de la televisión. Dele al niño la oportunidad de contarle a usted los eventos desafortunados que pudiera haber escuchado del divorcio preguntándole sobre como se sienten sus amigos acerca de los divorcios de sus propias familias, o de tener una familia que no vive junta. Puede ser que los eventos en los programas o en su barrio no tienen nada en común con su divorcio, pero estos cuentos le puedan dar a usted información sobre los miedos y expectativas de su hijo con el divorcio.

Sea curioso acerca de lo que su hijo cree que pasara o pasaría a los niños de la historia mientras miran programas o películas que se tratan del divorcio juntos. No se desanime si su hijo no quiere hablar mucho de sus sentimientos. Tome sus pistas de lo que dice de otras familias que hayan afrontado el divorcio.

Hable de las emociones y los deseos y no solo los hechos cuando discuten las familias divorciadas. Puede ser interesante que el papá de Tomás haya manejado sin zapatos, pero pregúntele a su hijo sobre como cree que Tomás se sentía esa noche, y que su hijo le cuente sobre que cree que Tomás quería que pasara. Los niños son concretos por naturaleza, y pueden tener dificultades expresando las abstracciones como los sentimientos y los deseos. Escuche a sus historias, no intente saber si son acertados o no. Escuche la verdad emocional, enfocándose en sus estados internos. ¿Cuáles son los sentimientos que ellos quieren transmitir? ¿Cuáles son los deseos o miedos que quieren expresar? Valide los sentimientos y esperanzas, aún cuando no hay nada que pueda hacer para cambiar la circunstancia. Siempre puede indicarle a su hijo que usted lo "ve" realmente, y que entiende como se sienten.

Aún cuando usted no esté seguro de la exactitud de la historia de otra familia divorciada, escuche las emociones, los miedos, y los momentos en los cuales pueda estar pidiendo consuelo. Esta puede ser la única manera en que su hijo se sienta suficiente seguro para hablar del divorcio. No hable de la veracidad de la historia. Sea paciente con verdades a medias o mentiras que le cuenten los niños en ese momento. Intente pasar por alto los hechos de la historia y pregunte sobre los sentimientos y esperanzas que tengan, como si la historia fuera verdad. En un futuro puede hablar de decir la verdad y como las mentiras afectan a otros. Ahora es el momento de recoger toda la información que pueda sobre los posibles experiencias y miedos de su hijo. Mantenerse conectado y consciente de sus sentimientos y esperanzas es esencial para la resiliencia saludable.

Capítulo 9

"¡Mamá dice que te gastaste todo mi dinero de la universidad!"
Dani gritó. "¡Solo piensas en ti mismo! ¡Te odio!"

*Ronaldo respiró profundamente. Cada célula de su cuerpo
quería gritar que era mentira. ¿Cómo pudo decirle a Dani
esas cosas horribles? El juez declaró que no podían hablar
mal el uno del otro a su hija, ni cuando ella estuviera cerca.
Esto era la alienación parental. Necesitaba explicarle lo
equivocado que estaba.*

*Ronaldo miró por encima del hombro de Dani y afuera por la
ventana. La lluvia afuera era igual que su humor.*

"Dani", Ronaldo dijo, "No es…"

"Papá", dijo Dani, "No quiero oír cualquier cosa que digas".

"No seas irrespetuoso. Solo quiero explicar…"

La cabeza de Ronaldo le daba vueltas. No quería hacer que su hija tomara partido, pero era insoportable que su hija creyera algo así que no era verdad. El libro que su terapeuta había recomendado estaba puesto en la mesa de centro. Había leído más de la mitad. Se había comprometido con el mismo de no defenderse ante su hija. Su terapeuta le había asegurado que su hija entendiera los asuntos de su Mamá antes de llegar a ser adulto. Anhelaba los tiempos más sencillos.

"Hija", Ronaldo empezó de nuevo. "¿Cómo te sentiste al oír eso?"

"¿Me estas tratando con psicología barata?"

"Dani", Ronaldo se sentó. "Quiero saber". Ronaldo pasó una mano por su pelo. "Yo sé que esto es difícil. No me lo alcanzo ni a imaginar. Sé que te ha tocado crecer más rápido".

Dani se dejo caer en el sofá también. Lágrimas se formaron en sus ojos azules. Su cara pecosa se puso roja y su rodilla no paraba de mover. Pasó sus manos sudorosas por las piernas de sus jeans. "Yo sé, Papá", dijo. "Pero odio cuando Mamá me pone quejas de ti. Deseo que todos se lleven bien, o que me dejen afuera de sus problemas".

Antes de asistir a la terapia, Ronaldo pensaba en la triangulación, y hacer a su hija tomar partido significaba tener que pasar mensajes a través de su hija, o preguntar a su hija donde quería estar durante los días festivos. Estaba sorprendido de que "ponerla en el medio" también incluyera defenderse de los chismes del otro lado. Ronaldo puso su brazo alrededor de su hija, quien estaba casi tan grande como él.

"Siempre voy a estar aquí para ti. Espero que también me compartes como te sientes, cuando quieres". Ronaldo abrazó a su hijo.

"Sí, Papá", dijo Dani. "Seguro".

Los padres que aprenden lo que se debe y lo que no se debe hacer durante un divorcio sabe que no se debe ponerse al niño el medio, o hacerle un "peón" en la batalla de divorcio. El desafío es identificar la triangulación cuando usted lo haga. Es fácil ver cuando el otro padre use al niño para su propio beneficio o bienestar emocional, pero es casi imposible ver cuando lo hacemos nosotros mismos.

La razón principal de esto es que la mayoría de los padres no están tratando de poner a sus hijos en el medio o hacerlos tomar partido, solo están tratando de sobrevivir a la pérdida de un cónyuge, una familia extendida y una red social que dependía de ser una pareja . Con toda esta pérdida de conexión, puede ser aterrador que un padre también pierda el vínculo emocional con su hijo. Este miedo a menudo lleva a los padres a decir y hacer cosas que de otro modo nunca pensarían en hacer o decir.

Cuando un padre tiene miedo de que su comunidad o la familia extendida lo juzguen o culpen por el divorcio, pueden ser más sensibles y estar a la defensiva. Pueden interpretar el deseo de un niño de consolar y proteger a su otro padre como traición o crítica.

A medida que los padres luchan con sus propias nuevas identidades, puede ser mucho más difícil ver a sus hijos como personas con opiniones que ven el mundo a través de sus propios ojos. Todos los padres tienden a pensar que sus hijos están creciendo y madurando más lentamente de lo que realmente son. Parte de esto se debe a que al igual que los padres están desarrollando estrategias de afrontamiento para una etapa de desarrollo, el niño está floreciendo en una nueva etapa que requiere diferentes estrategias de disciplina, diferentes estrategias de comunicación y diferentes herramientas de motivación. Esté más pendiente sobre los comportamientos que un niño puede tomar como ejemplo suyo, recuerde que todo esto puede ser abrumador hasta en las familias intactas. Cuando un padre no ve a un niño durante varios días seguidos, estas etapas del desarrollo pueden ser casi imposibles de monitorear.

La cosa más importante para recordar al hablar con su hijo, o cuando esté cerca de su hijo, es que están formando su identidad de ambos padres. Si llegan a creer que uno de los padres es "malo", "tacaño", "de carácter débil", "mentiroso", "tramposo" o "poco confiable", entonces un niño creerá que esto es cierto para cincuenta por ciento de ellos mismos. Lo mejor que puede hacer por la autoestima de su hijo durante un divorcio es nunca menospreciar o degradar a su otro padre cuando su hijo pueda escucharlo.

"Pero nunca digo nada malo sobre su otro padre". A menudo escucho una protesta de los padres, ya que continuamente se defienden contra lo que han escuchado o creen que el otro padre está diciendo sobre ellos. Esto es la triangulación. Hace que el niño tome partido y tenga que decidir quién está diciendo la verdad y quién está mintiendo. Es una posición horrible para poner a un niño.

Cuando se enfrente a una acusación que usted sabe que no es cierta, trate de poner los sentimientos de su hijo primero. Si le defiende y le explica y da hechos que prueban que el otro padre es mentiroso, demuestra que sus sentimientos son más importantes y que la forma en que su hijo lo percibe a usted es más importante que decirles que está ahí para ellos.

Una buena manera de comenzar una conversación cuando cada célula de tu cuerpo quiere estar a la defensiva es decir "¿Oh, sí? "¿Cómo te sentiste oír eso?". Comenzar con la curiosidad acerca de los sentimientos y emociones de su hijo indica que le importan más que como lo perciben a usted. Demuestra que usted es fuerte, puede soportarlo y que siempre le preocupará más por como están ellos antes de preocuparle por usted mismo. Demuestra que, sea cual sea la falsedad, era tan insignificante y ridículo que ni siquiera justificaba su defensa. (En realidad, solo ponemos a la defensiva sobre las cosas que tememos que sean un poco ciertas. Piensa en un momento en que su hijo estuviera extra defensiva. ¿Qué significa eso para usted?)

Puede ser insoportable emocionalmente para un padre escuchar chismes llevado a casa por su hijo, especialmente si son falsos o vergonzosos. El shock y la ira pueden ser difíciles de contener, por lo que este es un buen momento para tomar un descanso de la conversación y calmar la adrenalina en su cuerpo antes de hablar. Solo responda a un comentario cuando esté seguro de que pueda responder con calma y anteponer las necesidades de su hijo (su necesidad de ser visto con precisión, su necesidad de defenderse, su necesidad de que su hijo lo vea correctamente, su necesidad de represalias, etc.)

Usted es la protección y seguridad de su hijo. Si tienen que preocuparse por lo molesto que usted está, no podrán decirle cómo manejan la información, ya sea verdadera o no. En el transcurso de su niñez, la verdad será revelada. No por usted, sino por sus propias observaciones. Confía en que si se mantiene centrado y no se baja al nivel de chismes y menosprecios del otro padre de su hijo, serás visto como el padre más fuerte y poderoso que puede manejar sus propios sentimientos. Demuéstrele a su hijo cómo no rebajarse al nivel de sus compañeros que dicen cosas malas sobre ellos y/o compiten de manera injusta. De ejemplo de resiliencia por esperar que la verdad salga por sí sola.

No coma el primer malvavisco y pierda el beneficio a largo plazo.

Si descubre que no puede concentrarse en el momento con su hijo y la verdad está ardiendo por salir, comience una larga carta o diario dirigido a su hijo. No se lo de. Aférrese a él. Cuando tengan 18 o 25 años, sáquelos en una cena agradable, y si todavía siente la necesidad de explicarse, brinde la información a su hijo adulto, que estará en mejores condiciones para manejar el panorama general.

La vida no es justa. Demuestre la dignidad, la gracia y la superación de la injusticia con su hijo. A medida que desarrollen la resiliencia a lo largo de los años, volverán a lo que usted enseñó a través de sus acciones. Está construyendo un legado. Si no está decidido sobre de que hacer un gran problema y sobre que quiere elevarse, imagínese a su hijo contándole la historia de esta situación a su nieto, y luego su nieto se lo cuenta a su bisnieto. Decide si vale la pena rodar por el barro. También está creando la resiliencia a través de esto.

Una de las situaciones más difíciles que un padre soltero puede enfrentar es cuando su hijo les habla de manera degradante, recordándole como su ex le hablaba (o aún puede hablarle). Lo crea o no, esta también es una oportunidad para enseñarlo al niño estrategias de resiliencia.

Como se mencionó anteriormente, los niños a menudo tienen dificultades para encontrar las palabras correctas para preguntar sobre cosas que les resultan confusas. Parafrasee frases crueles o irrespetuosas que hayan escuchado en la otra casa a menudo es una solicitud indirecta de ayuda. Necesitan ayuda para descubrir como ellos mismos pueden responder a estas declaraciones malas. Recuerde, si su ex era malo y le dijo cosas hirientes cuando estaban molestos, es posible que le estén diciendo cosas similares a su hijo cuando están molestos ahora. Usted no tiene la capacidad de cambiar nada de su ex. Pero puede modelar maneras de responder al acoso y al abuso verbal que son fuertes, emocionalmente distantes y centradas.

Defenderse, contraatacar con ira y falta de respeto, castigar, culpar y elevarse son patrones de comunicación peligrosos para modelar para su hijo. Enseñarles a enfrentarse cara a cara y defenderse por sí mismos, cuando no hay absolutamente ninguna esperanza de que sean escuchados o acomodados, inadvertidamente los preparan para ser menospreciados y avergonzados en la otra casa.

En lugar de discutir o exigir respeto, diga cosas como: "puedo ver que estás molesto", "pareces realmente frustrado", "pareces decepcionado por lo que ha sucedido", "me alegra que pudieras decirme que esto te molesta", "parece que no crees que entiendo lo que dices", "parece que piensas que no me importa cómo te sientes", "gracias por llamar mi atención sobre esto", "suenas frustrado", "no es como pensaste que iría, lo siento", "siempre quiero saber cuando estás decepcionado por algo", "entiendo", "estoy molesto, y mis sentimientos son mi propia responsabilidad".

Incluso si cree que su ex es respetuoso con su hijo pero le dice cosas malas acerca de usted a su hijo, o cerca de ellos, aún recupera su autoridad al no rebajarse a ese tipo de comunicación. Si su hijo puede sacarlo de balance y lograr que participe en bromas irrespetuosas, no puede confiar en que lo protegerá. Si un niño puede provocar que haga exactamente las cosas que le dice que no haga (gritar, hablar irrespetuosamente, discutir, etc.), ¿cómo puede confiar en que podrá resistir la provocación de un adulto?

Para que un niño confíe en que usted es fuerte y tiene la capacidad de mantenerlo seguro, es posible que lo moleste para ver como reacciona. Si ve que usted permanece tranquilo y calmado, desarrollará confianza en usted. Y cuanto más modele cómo mantener la calma cuando alguien (cualquier persona) sea irrespetuoso, más resiliencia le brindará a su hijo.

Muéstreles como manejar a las personas verbalmente combativas por como usted responde a ellos cuando están molestos y dicen cosas hirientes. Nunca exija que cambien para manejar sus emociones por usted. Demuestre que usted es responsable de sus propios sentimientos y que puede permanecer tranquilo y centrado cuando alguien (incluso ellos) está molesto a su alrededor. La fuerza y la resiliencia que usted modele ayudarán en gran medida a darle estas estrategias a su hijo.

Capítulo 10

"Sí", Bárbara suspiró. "Voy a estar bien. Ve a divertirte. Te voy a extrañar". Se apoyó contra el porche.

"Te quiero, Mami", Ben dijo. "No estés triste. Te veo pronto".

"Lo intentaré. No te olvides, eres mi chiquito. Dame otro besito. Voy a estar aquí esperándote". Bárbara abrazó a su hijo y le besó a la parte superior de su cabeza sin parar. "Vas estar bien. Es solo un fin de semana".

Ben se alejó y frunció el ceño. "Vas estar bien, Mami. Regresaré pronto". Corrió al carro donde su papá esperaba.

Bárbara se desplomó en el columpio y se secó los ojos. Su rímel manchó su mano. Se sintió triste y un poco culpable. Sintió vacío en su estómago. Un diente de león estaba creciendo en una grieta en la acera. El buzón plateado en el bordillo se rebalsó con correo ignorado. Su teléfono había parado de sonar con invitaciones sociales. La mayoría de los correos electrónicos eran reenviados con fotos y bromas. Ya no los abría más. Un juguete de Transformers estaba en el pasto marrón.

"Voy a hornear galletas para cuando regrese el domingo por la noche", dijo a ella misma. Jaló su suéter alrededor su cuerpo y caminó adentro.

Su teléfono vibró en la mesa. Bárbara lo recogió y miró a la pantalla. Era su prima. Habían sido cercanas hace un tiempo. Les encantaban salir a buscar antigüedades para encontrar regalos únicos para los cumpleaños familiares. Lo levantó, pero lo puso en la mesa de nuevo, y luego lo levantó y arrastró el dedo por la pantalla.

"Hola Mari", dijo Bárbara.

"Estoy aquí en tu vecindario", dijo su prima. "¿Nos vamos de aventura?"

"Ah, es que tengo mucho que hacer..." Bárbara movió los platos al fregadero con su teléfono puesto a su oreja.

"¿Cómo? Ben está con su papá este fin de, ¿verdad?"

Bárbara caminó de un lado a otro. "Necesito lavar su ropa y comprar la comida para su almuerzo para la semana que viene. Voy a organizar su mochila para que…"

"Barb, necesitas una vida. Voy por ti. Nos vamos a cenar, y decidiremos cuales tiendas."

"Pero Ben necesita…"

"Ben necesita que tengas cosas que hacer con otros adultos". Bárbara sostuvo el celular lejos de su oreja y puso mala cara.

"Ok. Bueno. Ven. Vamos a comer". Sabía que su prima tenía razón. Pero no sabía como empezar.

Hay mucho que hacer mientras un divorcio procede. Nunca hay tiempo suficiente y nunca hay dinero suficiente. Te sentirás distraído y temerás no ser competente en ninguna de tus actividades. Puede sentir como lujo pasar tiempo con sus amigos. La verdad es que conectarse con las personas que lo quieran usted, que lo animan a usted, y que le proveen un hombro donde llorar es esencial en tener la energía suficiente para criar a sus hijos durante este periodo difícil.

Si siente que tiene poca paciencia y que cosas pequeñas le enfurecen, pueda ser que necesite más tiempo con su red de apoyo. Si su sistema de apoyo eran sus suegros o parejas con las que no se siente cómodo en este momento, entonces es posible que deba concentrarse en hacer un nuevo amigo o dos, unirse a una actividad de MeetUp.com o inscribirse para un grupo de recuperación del divorcio.

La mayoría de los padres solteros se sorprenden de lo recargados que se sienten después de un corto período de tiempo con amigos cariñosos. Aunque se sienta que no tiene tiempo suficiente o temen ser juzgados o compadecidos, tome el riesgo. Vale la pena. Los amigos positivos que comparten su sentido del humor y sus valores pueden brindarle un lugar seguro para desahogarse, llorar y soñar con un futuro mejor. Los verdaderos amigos lo apoyarán, incluso si se siente ambivalente y no está seguro de usted mismo. Apoyarse en adultos que lo apoyen emocionalmente para satisfacer sus necesidades es una red de seguridad para que no se incline a apoyarse en su hijo.

Los padres que animan a sus hijos a ser su apoyo emocional en este momento desafiante de la vida están robando inadvertidamente su niñez. Los niños necesitan confiar y creer que sus padres son emocionalmente fuertes como para cuidarlos. Cuando un padre comparte su dolor profundo y arrebato de ira hacia el otro padre con su hijo, el niño aprende que su padre es inestable y es posible que no pueda protegerlo y apoyarlo. Los niños que son convertidos en los confidentes inapropiados de sus padres pueden gustarles el poder de ser tratados como adultos, pero también esconderán sus propias emociones fuertes y desafíos del padre intenso como manera de protegerlos de más estrés. Las conversaciones sobre sus finanzas o su vida sexual, o las del otro padre, son inapropiadas y perjudican a los niños.

Los padres tristes y asustados necesitan hablar sobre el dinero, el sexo, la traición, el miedo, la rabia, la devastación y la confusión. Estos temas deben compartirse con otros adultos, lejos de los niños. Me parece que los padres piensan que los niños no saben de qué están hablando si están hablando por teléfono y los niños solo escuchan un lado de la conversación. ¡Esto no es cierto! Los niños son muy intuitivos y durante los periodos de transición y cambio, son muy curiosos.

Otra vez, no hay nada que puede hacer usted para cambiar el comportamiento de su ex, ni las conversaciones que tengan con su hijo. Puede pasar tiempo con su hijo y recordarle que pueden hacer cosas para sentirse mejor, sin importar lo que pasa. Si su hijo se queja de que otros niños los están "haciendo" sentirse mal, o si cree que se sienten responsables de hacer felices a otros niños, estas son oportunidades para usted explicar que todos son responsables de sus propios sentimientos. Asegúrese de modelar esto. No diga a su hijo, "Me hiciste enojar", o "Me lo hiciste hacer", "Pórtate bien para hacerme orgullosa". No hable mal de otros adultos y acusarlos de hacerle sentir de alguna manera. Modele tomar la responsabilidad por su propio estado emocional. Use frases como: "Me siento gruñón. Me voy a sentar y leer por un rato". "Me siento enojado. Voy a ir hacer ejercicio". "Me siento triste. Voy a tomarme un tiempo a solas. Regresaré en cinco minutos".

Lo más tiempo que se pase con amigos positivos y motivados, lo menos probable que intente hacer su hijo su compañero emocional. Lo más que su hijo le vea manejando sus sentimientos, lo más probable que usen las estrategias que les modela usted; como hablando con amigos, escribiendo, escuchando música, haciendo ejercicio, siendo creativo, comiendo saludable, haciendo planes con otros, dándose cumplidos a usted mismo, usando el saco de boxeo en el garaje, encontrando el cumplimiento en su obra de vida, etc.

Ten cuidado con lo que diga en frente de su hijo. Recuerde que a menudo los niños son muy literales en sus pensamientos. Decir cosas como "Me muero por...", "No hay dinero suficiente", "Voy a matar a..." son todas cosas espantosas para un niño que toma toda literalmente. Hable con respeto a su hijo y sobre las otras personas en su vida. No modele el odio y la represalia.

No importa que tan enojado esté o miedo que tenga, comparta estos sentimientos con sus amigos, y no con sus hijos. Deje a su hijo tener una niñez, aún durante las épocas difíciles. Ellos se lo merecen. Mantenga su atención en sus hijos cuando estén con usted, la atención puede estar en usted cuando esté con sus amigos.

Si se siente aislado y que no tiene el tiempo o la energía para hacer amigos nuevos (o para promover a los que tenga) pase el tiempo y recursos con usted mismo. Levántese media hora antes de los niños para sentarse afuera con una taza de té o café. Sin electrónicos. Solo respire, y esté en calma. Si sus hijos están con su ex a tiempo parcial, no use ese tiempo libre para solo hacer recados y quehaceres.

Pase tiempo haciendo cosas que lo revitalizan. Hacer yoga, correr, montar en bicicleta, cocinar, hornear, tocar un instrumento, escribir un diario, haciendo un pasatiempo, hacer trabajo en un voluntariado, trabajar en el jardín, hacer álbum de recortes, leer, aprender idioma nuevo, cantar, nadar, o invertir recursos a un sueño que haya sido ignorando pueden todos ayudar a recargar las pilas cuando no está con su hijo.

Si no hay visita en la casa del otro padre, busque niñeras confiables. Si pasa cada momento que no está durmiendo, en el trabajo, o haciendo tareas domésticas con su hijo, es probable que se agote. Con el agotamiento viene una dependencia poco saludable de su hijo que lo obliga a un papel emocional que puede tener consecuencias a largo plazo. No importa lo que suceda en la otra casa, su hijo debe poder confiar en que estará emocionalmente seguro con usted. Esta serenidad puede hacer toda la diferencia. Le brinda a su hijo un lugar emocionalmente seguro para desarrollar la resiliencia.

Capítulo 11

DELE A SU HIJO UN VOCABULARIO PARA SUS EMOCIONES

"¡Y luego no viniste!" Vicky gritó. "¡Nunca haces lo que dices!"

"¡Sabes que no es verdad! Fue una vez, y no lo pude evitar. ¡Muestra algo de respeto!" Su papá respondió bruscamente. "¿Piensas en alguien más que en ti misma?"

Vicky miró por la ventana. Papá nunca escucha. ¡A él ni siquiera le importa como me siento!

"¡No me ignores!" Su papá la miró en el espejo del carro.

A él solo le importa tener razón. Nunca me pregunta por mis sentimientos. *Vicky pensó.*

"Sabes que siempre me puedes decir como te sientes," dijo su papá. "¿Verdad?"

"Lo hago y luego me llamas mentirosa", dijo en voz baja.

"Te escuché", dijo su papá. "Nunca te llame mentirosa".

Acaba de hacerlo otra vez, *ella pensó.*

Manejaron hacía su casa. El aire acondicionado soplabla aire frío en el asiento trasero. Todos los libros y podcasts sobre divorcios que había escuchado giraban en sus pensamientos. Solo quería arreglar esto y tener a su hija feliz con él nuevamente. Pero ella exageraba todo. Él tenía que ser el adulto.

"¿Estabas decepcionada esa vez que no pude venir a buscarte?" preguntó.

"¡Te acabo de decir eso!" Vicky dijo.

Él respiró profundamente. No la hagas mal, *se dijo una y otra vez.* Solo escuche a sus sentimientos, no la veracidad de sus hechos.

"Pareces molesta porque no entendí eso", dijo.

"Oh, entonces sí te das cuenta". Ella seguía mirando por la ventana. Una pieza brillante de una pegatina rasgada se aferró al vidrio. El aire del aire acondicionado le azotó el pelo en la cara. "Genio".

Se necesitó toda su fuerza de voluntad y su dedicación para ser el padre que había prometido ser para evitar gritarla. "Cuando hablas así, me siento triste y un poco molesta". Levantó la vista hacia el espejo otra vez. "Me alegra que puedas decirme cuando te sientes herida o enojada".

Vicki se encontró con sus ojos en el espejo. "No lo parece".

"Sí, todavía estoy tratando de encontrar las palabras correctas para lo que quiero decir", dijo. "Estoy frustrado de que esto sea tan difícil".

"¡Y tú eres el adulto!" Ella se rió.

Sonrió. "Soy el papá más afortunado en todo el mundo".

Es imposible proveer a los niños las estrategias para manejar sus sentimientos incómodos si no tienen las palabras para decirle como se sienten. La mayoría de los niños aprenden palabras para las cosas abstractas (cosas que no pueden tocar o ver) mucho más después de haber dominado un vocabulario para cosas concretas en su mundo.

Modele expresando sentimientos y estrategias de afrontamiento

La mejor manera de enseñar a los niños es modelar. Identificar a sus propios sentimientos como "frustrado", "agitado", "cansado", "feliz", "agradecido", "triste" o "molesto" también le dará a su hijo la oportunidad de usar palabras de sentimientos. Asegúrese de no culpar a otros por esos sentimientos. Todos son siempre responsables de sus propias emociones.

Dé a los niños herramientas para expresarse

Lean libros sobre el divorcio juntos. Ayude a darle a su hijo un vocabulario para hacer preguntas y hablar sobre como se siente. Si estas palabras no se usan regularmente, los niños no saben como hablar sobre los cambios que le están sucediendo a la familia.

Vaya a una tienda de suministros educativos o busque en el internet por carteles con caras y emociones. Cuélguelo donde su hijo pueda verlo. Por la noche, túrnese para señalar y describir los sentimientos que cada uno experimentó ese día.

Ayude a su hijo a cortar imágenes que representen sus emociones en revistas y péguelas en una cartulina. Los collages de sentimientos pueden ayudar al niño identificar y etiquetar los estados emocionales. Enseñe a su hijo a escribir poesía, letras o cuentos. Esculpir con arcilla o dibujar con tiza puede ayudarlos a expresar como se sienten.

DISMINUYA LA VELOCIDAD

Hable con los niños sobre los sentimientos incómodos poco a poco. Utilice un temporizador para mantener las conversaciones cortas (5 a 10 min). Use un "palo parlante". Puede ser cualquier objeto pequeño que indique a quien le toca hablar. Nadie puede interrumpir a quien esté sosteniendo el palo de hablar. Cuando terminan, pueden dárselo a otra persona que tampoco puede ser interrumpida mientras estén sosteniendo el palo de hablar.

Deténgase cuando su hijo se canse o quiera cambiar de actividad. No los presione para hablar. Recuerde, las mejores conversaciones sucederán naturalmente cuando esté en medio de alguna otra actividad. Es mejor escuchar las oportunidades y aprovecharlas al máximo que tratar de presionar a alguien para que hable sobre cosas vulnerables en un momento determinado.

Encuentre maneras tranquilas de discutir este tema difícil. No tiene que llegar a ninguna conclusión. Las emociones se sienten. Cambian. Son todas responsabilidades individuales. Es amable estar presente y escuchar cuando un niño tiene dolor emocional. Es cruel tratar de acelerarlos y solucionarlo rápidamente. No intentes distraerlos ni darles otra forma de ver las cosas demasiado rápido. No les importará cuánto sabes hasta que sepan cuánto te importa.

MODELE LAS HABILIDADES PARA MANEJAR LA PRESIÓN CON SENTIMIENTOS

Identificar a sus propios sentimientos ("Me siento estresado", "Esto es difícil para mí" o "Me estoy enojando"). Recuerde, un sentimiento no es una acción. Una emoción es un estado interno. Un comportamiento es una acción externa. Diga lo que va hacer para manejar a sus emociones difíciles: "Voy a ir a caminar". "Voy a leer por un rato". Luego, regrese y diga a su hijo que se sienta mejor: "Ok, me siento mejor. Hablemos". "¡Pues, me siento mucho mejor! Hagamos la cena".

RECOPILE NUEVA INFORMACIÓN

Lea o escucha a los libros. Escuche podcasts o vea videos sobre divorcios, el dolor, y la paternidad soltera. Deje que sus hijos ver que obtener nueva información cambia su manera de hablar y reaccionar, cambia la manera de tomar la responsabilidad por sus propios sentimientos y cambia la manera en que escucha a sus expresiones de sentimientos.

SEPARE LAS COSAS QUE PUEDE CAMBIAR DE LAS COSAS QUE NO PUEDE CAMBIAR

No gaste la energía preciosa en cosas sobre las cuales no tiene control.

Recuerde que puede establecer reglas y actividades en su propia casa, pero no tiene control sobre la otra casa. Los niños levantan las manos para hablar en la escuela, pero saben que no tienen que hacerlo en la casa. Los niños son inteligentes. Pueden adaptarse a diferentes reglas en ambientes diferentes, siempre que las reglas sean consistentes dentro de un ambiente.

Use palabras para sus sentimientos:

LAS PALABRAS DE SENTIMIENTOS: LOS SENTIMIENTOS INCÓMODOS

Triste, Frustrado, Molestado, Enojado, Irritado, Enfadado, Aterrorizado, Preocupado, Inquieto, Obsesionado, Ansioso, Asustado, Cansado, Agobiado, Desanimado, Desilusionado, Culpable, Avergonzado, Sin Esperanza, Sin Ayuda, Gruñón, Agitado, Celoso, Temeroso, Sombrío, Deprimido, Infeliz, Derrotado, Herido, Resentido, Dudoso, Confundido, Humillado, Defensivo, Conmocionado, Letárgico, Aburrido, Dejado Fuera, Cauteloso, Vengativo, Invisible, Incomprendido, Confinado, Aislado, Distraído, Perdido, Desconcertado, Apresurado, Presionado, Miserable, Vacío, Agotado.

LOS SENTIMIENTOS CÓMODOS

Agradecido, Feliz, Alegre, Motivado, Pensativo, Amoroso, Curioso, Orgulloso, Tranquilo, Emocionado, Esperanzador, Pacífico, Relajado, Perdonador, Valiente, Conectado, Eufórico, Descansado, Enfocado, Creyente, Resiliente, Poderoso, Energizado, Vulnerable, Humilde, Sorprendido, Pensativo, Divertido, Afortunado, Encantado, Cumplido, Competente, Valorado, Amado, Humorístico, Seguro, Contento, A Gusto, Cuidado, Justificado, Cómodo, Vindicado, Sereno, Atractivo, Amoroso, Entendido, Libre, Aliviado, Tranquilo, Confiado, Generoso, Motivado, Efectivo, Satisfecho, Energético

Tenga confianza al enfrentar los cambios en su familia. Cuanto más amable y elogioso sea con usted mismo, más palabras específicas tendrá para alentar a sus hijos. Mientras se cuida a usted mismo y se enfoca en desarrollar su propia resiliencia a través de la adversidad, será un modelo para su afortunado hijo. Está en camino de ayudar a su hijo a convertirse en un adulto fuerte, resistente y productivo.

RECURSOS PARA LEER MÁS

Aron, *The Highly Sensitive Child: Helping Our Children Thrive When the World Overwhelms Them,* Harmony, 2002.

Baker, Amy J.L. and Fine, Paul R. *Co-parenting with a Toxic Ex: What to Do When Your Ex-Spouse Tries to Turn the Kids Against You.* New Harbinger Publications, 2014.

Faber, Adele and Mazlish, Elaine. *How to Talk So Kids Will Listen & Listen So Kids Will Talk.* Scribner, 2012.

Faber, Joanna and King, Julie. *How to Talk so Little Kids Will Listen: A Survival Guide to Life with Children Ages 2-7.* Scribner, 2017.

Kiersey, *Please Understand Me,* Prometheus Nemesis Book Company, 1984.

Wolf, *Get Out of My Life, but First Could You Drive Me and Cheryl to the Mall,* Farrar, Strauss and Giroux, 2002.

Nightingale, Lois. Mis padres todavia me quieren, aunque se divorcian. Nightingale Rose Publications, 2016.

Pedro-Carroll, JoAnne. *Putting Children First: Proven Parenting Strategies for Helping Children Thrive Through Divorce.* Avery, 2010.

Ricci, Isolina. *Mom's House, Dad's House: Making Two Jomes for Your Child*. Touchstone, 1997.

Ross, Julie A. and Corcoran, Judy. *Joint Custody with a Jerk: Raising a Child with an Uncooperative Ex- A Hands-on, Practical Guide to Communicating with a Difficult Ex-Spouse*. St. Martin's Griffin, 2011.

Seligman, *The Optimistic Child: A Proven Program to Safeguard Children Against Depression and Build Lifelong Resilience*, Mariner Books, 2009

www.ingramcontent.com/pod-product-compliance
Lightning Source LLC
Chambersburg PA
CBHW032051040426
42449CB00007B/1062